ゼロからわかる！

DVD ゴルフ基本レッスン

水谷　翔

西東社

DVDの特徴

スーパースロー映像と多角アングルをマルチ収録!

DVDにはセットアップやスイングについて、さらにレベルアップするための情報が数多く収められています。特にスイングに関しては毎秒150フレームというハイスピードカメラによるスーパースロー撮影で、スイングの細かな動きを詳細に観察することができます。また、3台のカメラによる同時収録で、様々な角度から理想的なフォームを見ることができるとともに、スローや静止画を使い、細かくポイントを解説しています。本書とDVDを組み合わせて使うことで、よりわかりやすくスイングのポイントがマスターできます。

特徴1 150分の1秒の世界!! スーパースロー映像で見る!

ハイスピードカメラによるスーパースロー映像で、スイング時の体の動きを克明に見ることができます。さらにポイント解説がついていますので、よりスピーディーに状況を理解することができます。

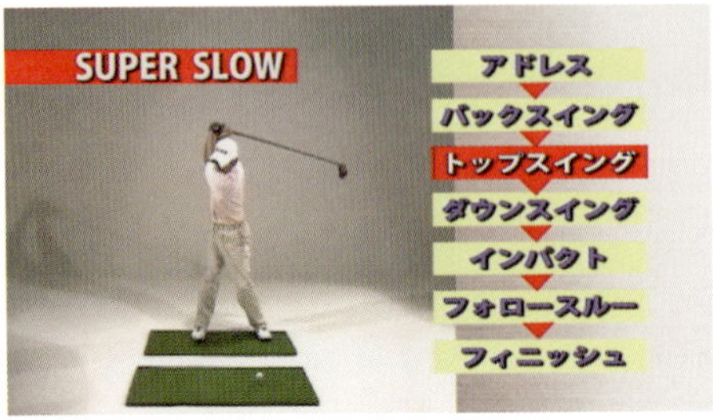

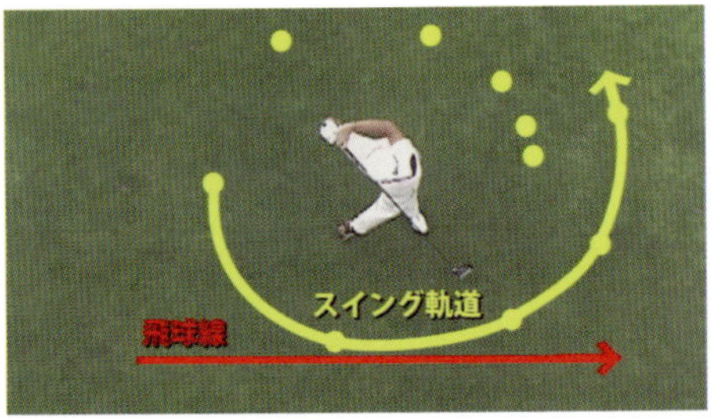

特徴2 3台同時マルチ収録!! 多角アングルで見る!

正面、後方、そして上方から3台のカメラによる同時収録により、スイング中の体の動きを立体的に理解することができます。

特徴3 スイングを体感!! 特典映像で理想的なスイングを繰り返し見る!

特典映像として、ハイスピードカメラによるポイント解説と、収録素材の中から理想的なショットを厳選して集めた「スイング資料映像集」を収録しました。このコーナーを繰り返し見ることで、理想的なフォームを体感することができます。

DVD制作スタッフ

- ディレクター/奥山正次(シェイク)
- テクニカルディレクター/藤 進(シェイク)
- 撮影/藤 進・山本忠勝・熊谷裕達
- VE/平田雅一（OTO)
- 技術/OTO
- 特機/TSPエンジニアリング・シネマックス
- オーサリング/協和産業
- 撮影協力/十里木カントリークラブ
- ナレーション/三村 聡
- 出演/金森浩史
- 構成協力/伊藤政彦（オフィス棟）
- 制作/シェイク

DVDの使い方

❶ メインメニューを表示する

DVDをプレーヤーにセットして再生すると「おことわり」「オープニングとタイトル」のあとにメインメニューが表示されます。「オープニングとタイトル」画面の左上の「SKIP」ボタンを選択すると、「オープニングとタイトル」を省略してメインメニューにスキップすることができます。

❷ 見たいチャプターを選ぶ

メインメニューには収録されている8つのチャプターと、特典メニューが表示されますので、方向キーまたはカーソルで選択してください。すべて通して見たい場合は「ALL PLAY」を選択してください。

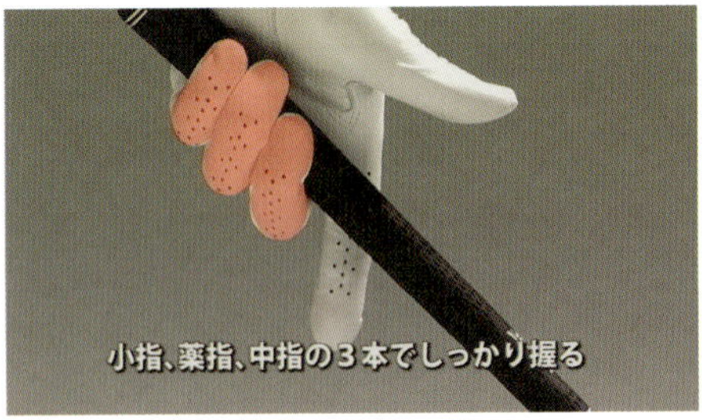

❸ 見たい内容を選ぶ

それぞれのチャプターメニューには、それぞれのチャプターを内容の区切りから見ることができるように、ポイントを打ち、選択できるようにしてあります。見たい部分を選択してください。チャプターすべてを見たい場合は「ALL PLAY」を選択してください。

ゼロからわかる!
DVDゴルフ基本レッスン

CONTENTS

CHAPTER 3 ドライバーショットの打ち方　61~86

CHAPTER 4 フェアウエーウッドの打ち方　87~106

CHAPTER 5
アイアンショットの打ち方
107～136

CHAPTER 6

アプローチショットの打ち方

137~158

1 CHAPTER

セットアップのしかたをマスターしよう

LESSON 1 GRIP　DVD 1

クラブの握り方

いつも同じ手順で握る習慣をつけよう

グリップとはクラブの握り方のことをいう。グリップは体とクラブとを結ぶスイングの連結点であり、クラブの握り方に間違いがあると、どんなに正しいスイングをしても、なかなか真っすぐにボールは飛ばない。

スクエアグリップやフックグリップ、スライスグリップなど、ゴルフのグリップにはいくつかの方法があるが、初心者はスクエアとフックの中間ともいえる「セミフックグリップ」で握る習慣をつけたい。この握り方でグリップすればリストターン（意識的に手首を返す動作）は必要なく、ボディターン（体の回転）に合わせて腕を振るだけでいい。グリップはスイングの要となるだけに、正しい握り方をしっかりと覚え、いつも同じ手順でグリップする習慣をつけよう。

1

左手の人差し指第二関節から、小指の付け根にかけて斜めにシャフトをあてがう。

POINT 1

グリップエンドは
2cm程度
余らせておく

2

小指と薬指、中指をそろえ、指先が親指のふくらみの下に軽く着くようにシャフトにからませる。

POINT 2

左手の小指、薬指、
中指の3本は
しっかりと握る

3

人差し指をカギ状に曲げ、親指の腹がシャフトのやや右側に当たるように置いて、親指と人差し指でシャフトをはさむように握る。

POINT 3

ロゴマークが
半分程度
見えるように

4

右手のひらを横から添え、小指を左手の人差し指と中指の間にのせる。薬指と中指をシャフトにからめ、手のひらで左手の親指を包み込むように握る。

POINT 4
オーバーラッピンググリップで握る

5

右手の人差し指はカギ状に曲げ、親指の腹をシャフトの左側に当たるように置いて、親指と人差し指でシャフトをはさむように握る。

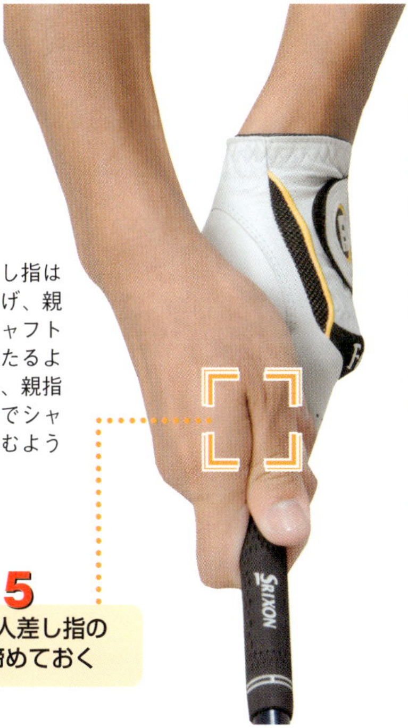

POINT 5
親指と人差し指の間は締めておく

両手を一体化させやすい「オーバーラッピング」で握ろう

グリップにはクラブの握り方とは別に、左右の指の連結方法の違いから見たオーバーラッピンググリップとインターロッキンググリップ、ベースボールグリップという3種類の握り方がある。両手に一体感を持たせるという点で、初心者にはオーバーラッピンググリップがベストだ。

右手の小指を左手の人差し指と中指の間に乗せたオーバーラッピンググリップ。右手の力を抑え、左右の力配分を調和させる効果がある。プロ、アマを問わず最も一般的なグリップだ。

リストが柔軟に使える強さで握ろう

グリップは単にクラブを強く握ればいいというものではない。クラブをしっかりとホールドしながらも、上体に余分な力が入らないような強さで、両手に一体感を持たせることが必要となる。ボールを遠くへ飛ばしたいという意識が働くと、ついつい右手に力が入りがちっだが、逆に右手は左手よりもソフトに握ることが大切だ。

この力加減を言葉で表現するのは難しいが、あえていえば「初対面の人と握手をする程度の強さ」と考えていい。リストが柔軟に使え、ヒジや肩など上体に力みが出ないような力加減でグリップするよう心がけよう。

POINT 1
両肩の力を抜き
上体をリラックス
させる

POINT 3
クラブヘッドの
重さが感じられれば
OK!

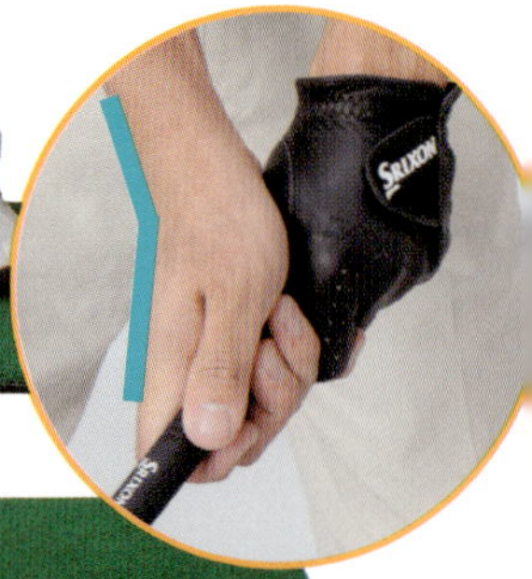
POINT 2
軽くリストを
動かしてみる

ショットの前の注意点

POINT 1
ボールを強く
たたこうという
意識は持たない

POINT 2
右手は初対面の人と
握手するようにソフトに

POINT 3
左手の小指、薬指、中指の
3本はグリップに
しっかりと密着させる

POINT 4
クラブヘッドを
地面に強く
押しつけない

LESSON 2 STANCE

DVD 1

足の向き

両足の向きは飛球線と平行にしよう

　スタンスは飛球線（ボールを飛ばそうとする仮想ライン）に対して両足のつま先を結んだラインをスクエア（平行）にセットする「スクエアスタンス」が基本となる。

　このスタンスで構えるとスイング軌道がインサイド・イン（ボールを中心としてクラブヘッドが飛球線の内側から内側へと動くスイング軌道）になるため、ボールを真っすぐに飛ばしやすくなる。後述するアプローチやバンカーなど特殊なショットを除き、基本的なショットはすべてこのスクエアスタンスで構えるようにしよう。

スタンス幅は肩幅が基準

スタンス幅は使うクラブによって少しずつ変わってくるが、ドライバーで両足の内側に肩幅が入る程度が基準となる。この広さがスイングの軸を保ちつつ、左右への最大限のウエートシフト（体重の移動）を可能にするスタンス幅なのだ。

ボールを飛ばそうと意識するとついついスタンスが広くなりがちだが、広すぎるスタンスは軸ブレを起こしやすく、ミート率が極端に悪くなる。また、逆にスタンスが狭すぎると軸は安定するものの、ウエートシフトが少なくなるために飛距離は低下するので要注意だ。

OK

両足の内側に
肩幅が入る広さ

このスタンスで構えれば自然にボールを斜め上から見る形になるので、意識しなくともアッパーブロー（ヘッドがやや上向きになった状態）の軌道でボールをとらえることができる。

NG

肩幅より広すぎる
スタンス幅は
ダフリ、トップなど
ミスショットの
要因になりやすい

NG

狭すぎる
スタンス幅は
飛距離の低下を
招きやすい

LESSON 3 ADDRESS

DVD 1

構え方

体全体を飛球線とスクエアにセットしよう

アドレスとはボールに対する体の構え方のこと。いくらいいスイングをしても、構え方が間違っていてはボールは思った方向に飛んでくれない。前項で、スタンスはスクエア(平行)が基本と説明したが、アドレスもこれは同じだ。

飛球線に対してスタンスをスクエアにセットしたら、その向きに合わせて体全体が飛球線と正対するように構えるのがアドレスの基本となる。スタンスが決まったら肩、腰、ヒザといった体の各ラインの向きを必ずチェックし、体全体がスクエアになっているのを確認してからショットに入る習慣をつけよう。

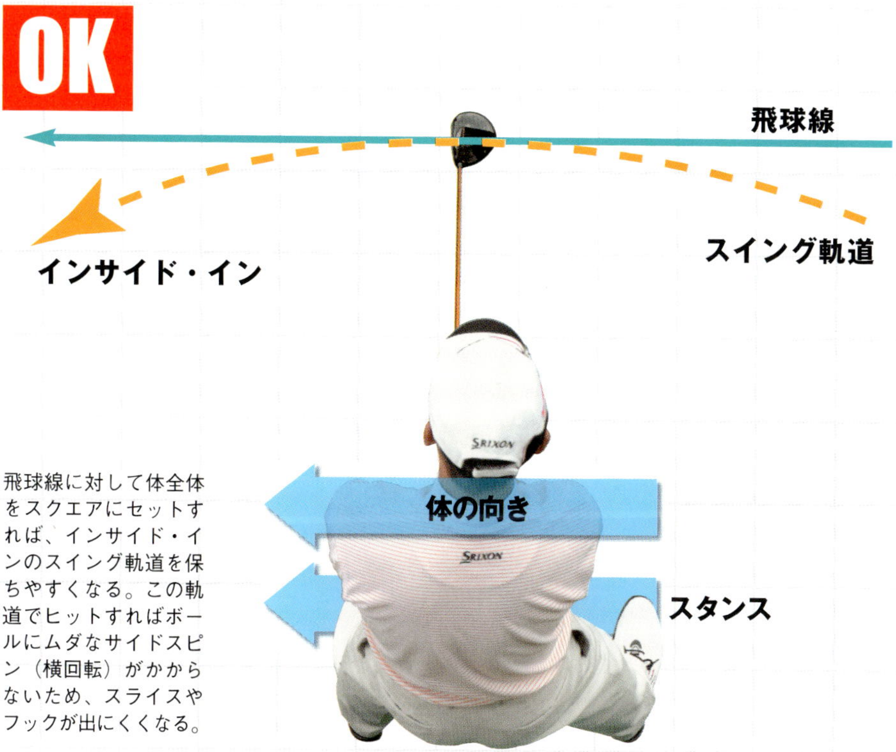

飛球線に対して体全体をスクエアにセットすれば、インサイド・インのスイング軌道を保ちやすくなる。この軌道でヒットすればボールにムダなサイドスピン（横回転）がかからないため、スライスやフックが出にくくなる。

上体が左を向くとスイング軌道がアウトサイド・イン（ヘッドが飛球線の外側から内側へ抜けるような軌道）となるために、スライスや引っかけが出やすくなる。

上体が右を向くとスイング軌道がインサイド・アウト（ヘッドが飛球線の内側から外側へ抜けるような軌道）となるために、フックやプッシュアウトが出やすくなる。

POINT
大文字のY字型がアドレスの基本

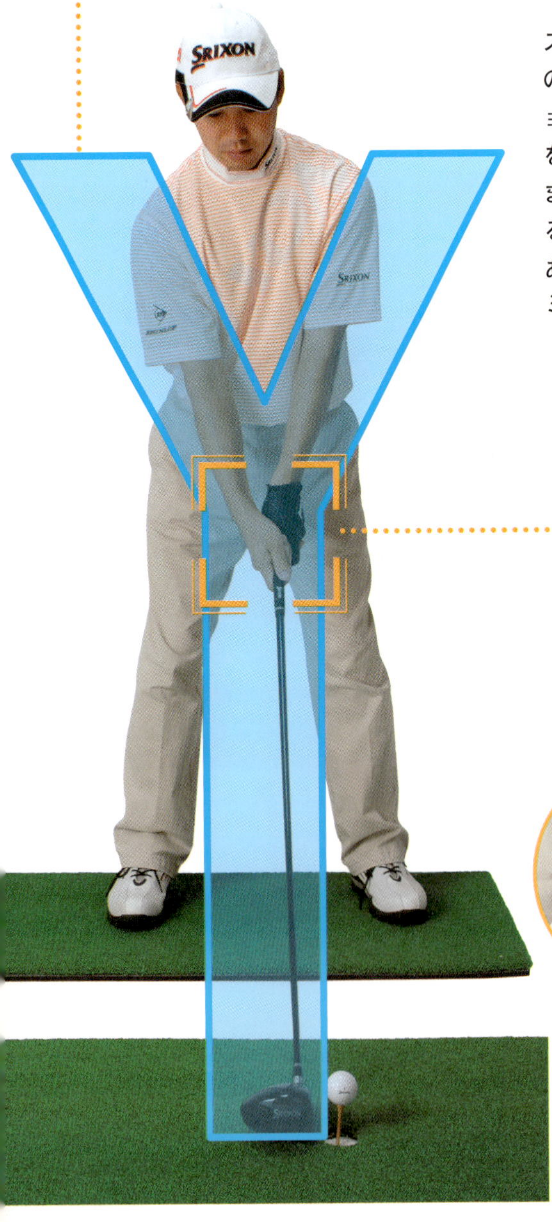

グリップポジションは左太もも内側が定位置

グリップポジションとは、正しいアドレスをとったときにグリップが位置する場所のこと。バンカーショットやアプローチショットなど距離をコントロールする打ち方を除き、ドライバーからショートアイアンまで、常に左足太ももの内側が定位置となる。常にこのグリップポジションが一定であれば、どのクラブでも同じリズム、タイミングでボールをとらえやすくなる。

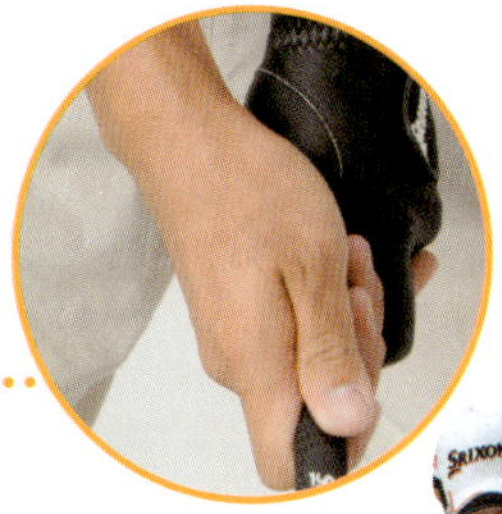

OK
どのクラブでもこの位置をキープする。

NG
グリップが左に出すぎてはダメ。

小文字のy字型のアドレスでは、グリップが先行した形でインパクトを迎えるためにフェースが開きやすく、ボールを上から押さえつけるようなスイング軌道となるので、ダフリやトップ、スライスなどを誘発しやすくなる。

背すじを伸ばしたまま前傾姿勢をとろう

グリップポジションを一定にするためには、アドレス時の前傾姿勢も重要なポイントとなる。基本は背すじを真っすぐに伸ばしたまま、股関節から上体を前傾させること。以下のポイントに注意してアドレスするよう心がけよう。

POINT 1
背筋を真っすぐ伸ばす
POINT 2
目の下よりグリップを前に出さない
POINT 3
股関節から上体をやや倒す
POINT 4
グリップエンドと体との間隔は握りこぶし1個半から2個が目安
POINT 5
高イスに半座りするようにヒザを軽く曲げる
POINT 6
ウエートは両足とも土踏まずにかける

アドレスに入る手順を覚えよう

常に正しいアドレスをとるためには、アドレスに入る手順を一定にしておくことがポイントとなる。次の手順をしっかりと頭に入れ、ドライバーからショートアイアンまでいつも同じリズムでアドレスする習慣をつけよう。

1 ボールの後方に立ち、ボールを運ぶべき地点を確認したら、ボールから目標までの飛球線をイメージする。

2 ボールと目標を結ぶ飛球線上で、ボールから50～60cm先の地点にスパット（目印）を見つける。

3 クラブフェースをボールとスパットを結んだラインに直角に合わせる。

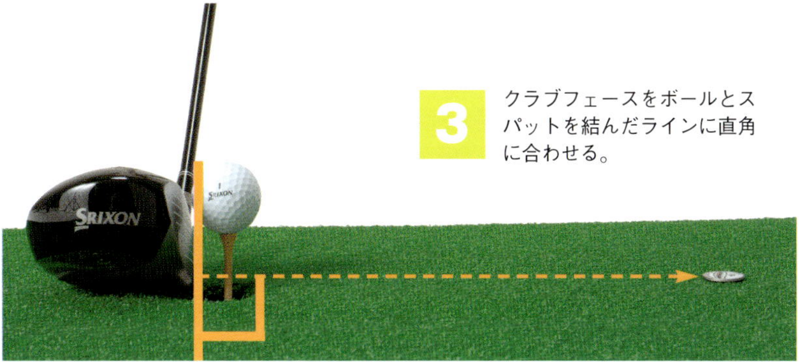

4 ボールの後方線上にかかとがくるように、左足の位置を決める（ドライバーの場合）。

5 右足を肩幅に開き、体全体を飛球線とスクエアにセットする。

GOLF COLUMN 1

ヘッドの大型化は進歩の証

一昔前までドライバーやスプーンなど「ウッド」と呼ばれるクラブのヘッドは、文字通り木製（主にパーシモンと呼ばれる柿材の一種）であった。乾燥した材木を削って中心に重りを入れ、打球面に「フェースインサート」と呼ばれる板をはめ込んで作られたヘッドは、ある意味工芸品としての価値も併せ持っていた。だが、80年代に入り、金属で作られたいわゆるメタルヘッドの登場によって、現在ではほとんどその姿を消してしまった。この理由として、1つには材料となる木材の不足や、加工に手間がかかるといった製造面での難点が上げられるが、決定的な理由は重さの解消と製品としての均一性にあったと言っていい。

パーシモン時代、ヘッドとシャフト、グリップを加えたクラブの総重量は平均380g前後。今のクラブでいえばミドルアイアン並の重さであった。シャフトは42.5インチと短かったとはいえ、この重量はかなりのものであり、ウッドが苦手というゴルファーが多かったのもうなずける。それがメタルヘッドとカーボンシャフトの登場により、現在では260g前後のモデルがあるまでに軽量化されている。クラブはただ単に軽ければいいというものではないが、素材を軽量化することでヘッドを大きくし、シャフトを長くすることで飛距離が格段にアップしたのは事実。小さくて（容積200cc前後）重い（200g前後）ヘッドから、大きくて（最大容積470cc）軽い（180g前後）ヘッドへの進化が、300ヤードを超える夢のビッグドライブを可能にしたのだ。

パーシモンヘッドのドライバー（上）と、デカヘッドと呼ばれる現在のメタルヘッドのドライバー（下）。技術の進歩がここまでヘッドの大型化を可能にした。

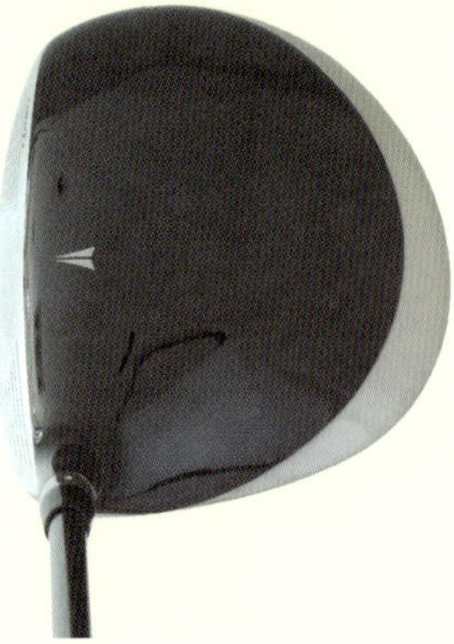

2

CHAPTER

ゴルフスイングの基本を覚えよう

LESSON 1 WHAT IS GOLF SWING? DVD 2

ゴルフスイングとは

縦と横の動きをマッチングさせよう

ゴルフのスイングは「できるだけ遠くへ、正確にボールを飛ばす」ことが最終目標となる。この飛距離と方向性の2つを両立させるためには、まずゴルフスイングの原理を正確に把握し、そのうえで正しいフォームをマスターすることが重要になる。

ゴルフのスイングは、野球のバッティングフォームやテニスのストロークなどに似ているように見えるが、地上に静止したボールを打つゴルフでは、体の回転や腕の使い方に大きな違いがある。地上にあるボールを打つために腕は上から下への縦の動きとなる一方で、体は背骨を軸とした横の動き（回転）となる。ゴルフスイングの難しさは、この縦（腕）と横（体）の動きをインパクトでピタッと合わせてボールをヒットしなければならないところにあるのだ。

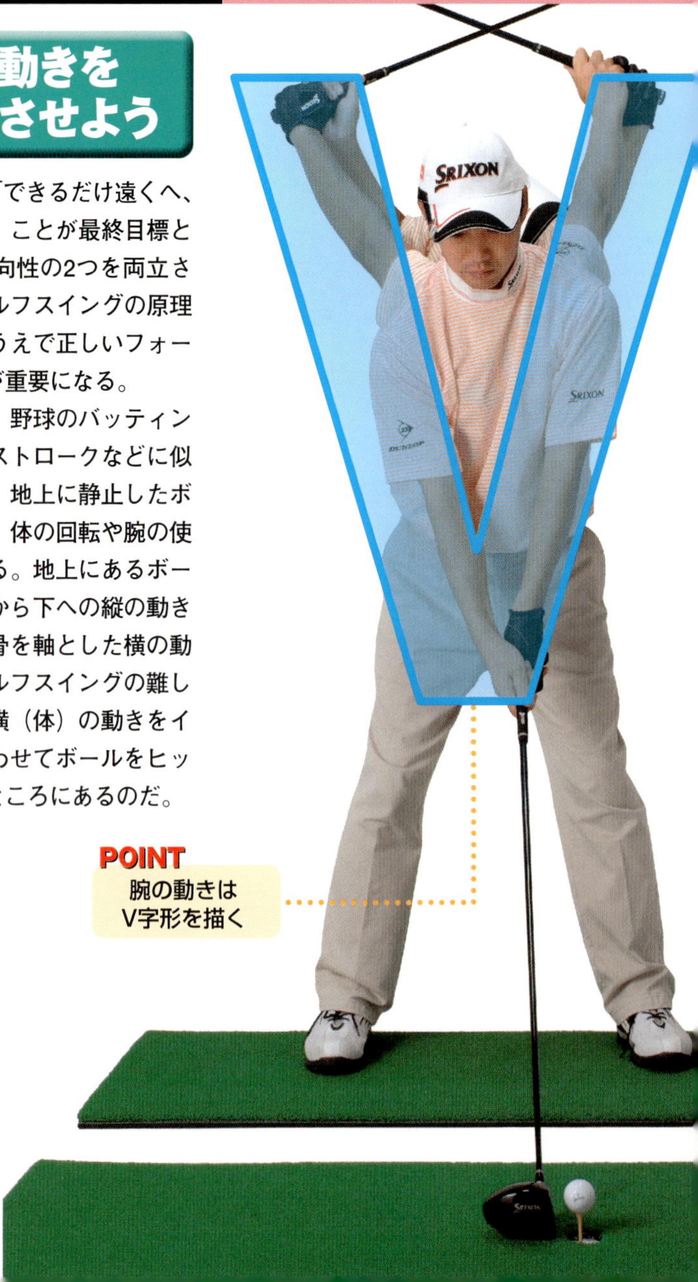
POINT
腕の動きは
V字形を描く
SRIXON

腕の動きだけを部分的に見ると、アドレスからフィニッシュまで、腕は右肩上方から左肩上方へかけて、V字の軌道で上下運動しているのにすぎないのが分かる。

アドレス
POINT 1
スイング軸は
不動に
フォロースルー
POINT 3
バックスイング
と左右対称に
捻り戻す
POINT 2
軸に対して直角に
上体を捻転する
バックスイング

体は前傾した軸（背骨）を中心にコマのような横の捻転（ひねり）運動となる。スイング軸を前後左右にズラさず、左右対称に体を捻転させるのがボディターンのポイントとなる。

スイングのスピードは一定に保つのが理想だ

スイングを段階的に見た場合、1. アドレス、2. バックスイング、3. トップスイング、4. ダウンスイング、5. インパクト、6. フォロースルー、7. フィニッシュの7つに区分することができる。このうちアドレスからトップスイングまでの右への動きは、ボールを打つための予備動作といえる。しかし、あくまでもスイングは

POINT 3
トップスイングでは
一瞬間をとる
POINT 2
左肩を右に
押し込むように
肩の回転で
スタートする
POINT 1
上体の力を抜いて
リラックスして
構える
トップスイング
バックスイング
アドレス

一連の動きとなるので、この右への動きとダウンスイング以後の左への動きのスピード（リズム、テンポ）をできる限り同じにしないとスイングは安定しない。初心者はボールを強く打とうという意識が働くためか、ダウンスイングから急激にスイングが速くなりがちなので要注意。打ち急がず、リズムを保ってスイングするということを、まず頭に入れておこう。

フィニッシュ
POINT 7
最後までしっかりと
振り抜く
POINT 4
下半身から
スタートし
打ち急がない
ダウンスイング
フォロースルー
POINT 5
アドレスを再現する
POINT 6
ヘッドを放り出す
イメージを持つ
インパクト

LESSON 2 BEFORE SWING　DVD 2

スイングの準備

ワッグルで余分な力を抜こう

ワッグルとは、ひじから上を動かさずにリスト（手首）だけを使ってヘッドを小刻みに動かす動作をいう。ワッグルの目的はアドレスでの上体の力みをとり、バックスイングがスムーズに行えるようにすることにある。

初心者はミスしてはいけないと思うあまりアドレスが長くなりがちで、構えているうちに腕や肩に力が入って、スッとクラブが上げられない人が多い。スイングをスタートするタイミングをとるためにも、バックスイングの前に数回（あまり多すぎてもダメ）ワッグルを行い、上体の力を抜いてからバックスイングに入るようにしたい。

POINT 1
上体は
動かさない
POINT 2
右手首を
甲側に折るように
軽く曲げる

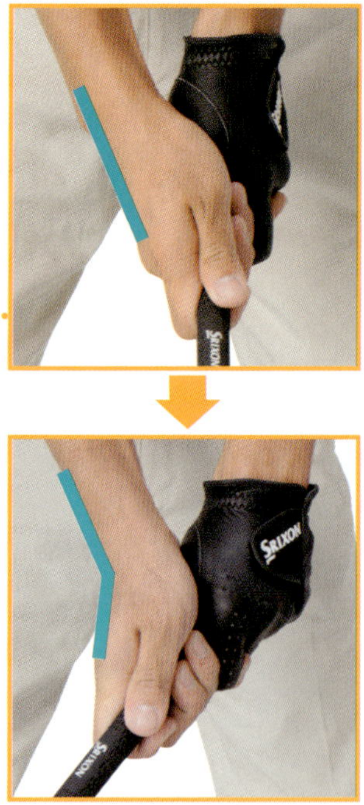

ひじから上は動かさずに、クラブヘッドの重みを感じながらリストの動きだけを使ってヘッドを小刻みに動かし、上体の力を抜いてからからバックスイングをスタートさせる。

目標の確認は上体を動かさずに行おう

アドレスをとった後に目標を再度確認する場合は、前傾姿勢を崩さずに頭だけを左に回すように行うこと。方向を気にするあまり目線とともに上体まで左に向けてしまうと、右肩が知らず知らずのうちに前に出て、肩が開いた構えになりやすいので注意が必要だ。

なお、正しい手順でアドレスできていれば（➡P22）、本来目標の確認は不要なはず。ボーリングと同じように、アドレス時に見つけたスパットの方向にボールを打ち出すことに集中すればいい。

OK

首から下は動かさずに、顔を左に回して目標を確認する。

NG

上体を動かしてしまうと右肩が前に出たアドレスになりやすく、スライスや引っかけなどの誘因になりやすい。

LESSON 3 TAKE BACK

DVD 2

バックスイング

右足の前まではヘッドを真っすぐに引こう

　バックスイングを開始する際、第一に注意しなければならないポイントは、手先だけでいきなりクラブを引き上げないということだ。 左肩とグリップ、そしてクラブヘッドを結ぶラインを1本の線にし、左肩を右肩方向に押し込むつもりで、ヘッドが右足の前を通過するまで飛球線に沿って低く、真っすぐに動かすようにする。この時点でヘッドが飛球線から外れてしまうとフェースの向きが狂い、さまざまなミスショットの要因となるので十分注意したい。

正しくバックスイングすれば、クラブフェースはボールの方向を指す。

NG リストを使って上げる

バックスイングの開始早々リストを使ってしまうとフェースが開き（外を向く）、スライスの要因になりやすいので注意が必要だ。

リストを使うとフェースが開く

NG アウトサイドに上げる

右手主導でバックスイングすると、正しい軌道よりアウトサイド（飛球線の外側）にヘッドが上がりやすく、これもスライスを誘発する一因となる。

飛球線の外に上がってしまう

肩と腕の三角形を崩さずに上げよう

ゴルフスイングは背骨を中心に肩が回転するため、バックスイングでクラブヘッドは徐々に飛球線の内側に上がってくる。ただし、これは上体をひねった結果であり、腕を意識的に内側へ引くわけではない。正しいスイング軌道を保つためには、バックスイングでグリップが右腰の高さに上がるまで、両肩とグリップとで作る三角形を崩さないことが大切。体とグリップとの間隔を変えないように注意し、手首を使わずに左肩の回転でバックスイングするように心がけよう。

POINT 1
アドレスでは両肩とグリップで作られる三角形を意識する
POINT 2
三角形をキープ
POINT 3
左ヒジを曲げない
POINT 4
左肩を右に押し込む
POINT 5
このあたりまでリストは使わない

POINT 1
この間隔をキープする
POINT 2
両腕はアドレスの
形のまま
肩の回転で
テークバック
飛球線
POINT 3
常に胸の前に
グリップが
位置するように
バックスイングする
バックスイングの方向
POINT 4
徐々に右足に
体重を移していく

クラブヘッドが右足の前を過ぎるあたりから、ヘッドは少しずつ飛球線の内側に上がってくる。

グリップが右腰の位置に
きたときフェースは正面

NG
早めにリストを使って
しまうとフェースが
開きやすくなる
SRIXON
POINT 1
この位置まで
三角形をキープする
POINT 2
この段階でクラブ
フェースはほぼ
正面を向く

前項で説明した「肩と腕の三角形」がキープできていれば、グリップが右腰の高さに上がったときにクラブフェースはほぼ正面を向くはずだ。バックスイングの開始早々、リストを使ってクラブを上げてしまうとこの時点でクラブフェースが開き（上方を向く）、スライスを誘発しやすくなるので要注意だ。ゆっくりと反復練習し、この位置に上がったときのグリップとクラブフェースの向きをしっかりチェックしておきたい。

POINT 4
左手の甲も正面を向く
SRIXON
SRIXON
SRIXON
SRIXON
SRIXON
POINT 3
グリップが右腰の
高さに上がるまで
リストは使わない

LESSON 4 TOP OF SWING

DVD 2

トップスイング

スイング軸は背骨の上にイメージしよう

POINT 1
背骨を中心としたコマをイメージする
POINT 2
この前傾角度を変えない

トップスイングとはバックスイングの終点をいう。バックスイングからダウンスイングへと折り返す、このトップスイングの位置が、常に同じポジションに納まるようになれば、スイングのブレはしだいに少なくなる。

ゴルフスイングにおいて上体の動きは、アドレスで前傾した背骨を軸とした「ひねり運動」となる。ゼンマイを巻き上げる場合と同じように、バックスイングで蓄えられた力はこのトップスイングで最大になり、その後、ダウンスイング、インパクト、フォロースルーへとそのパワーが放出される。このパワーの支柱となるのがスイング軸だ。首の付け根から背骨にかけてコマの芯に似た1本の軸をイメージし、この軸を前後左右にズラさずにスイングできるようになればOKだ。

アドレスでは左右の足に均等に体重がかかっているため、背骨を中心として右半身と左半身はほぼ対称形となる。

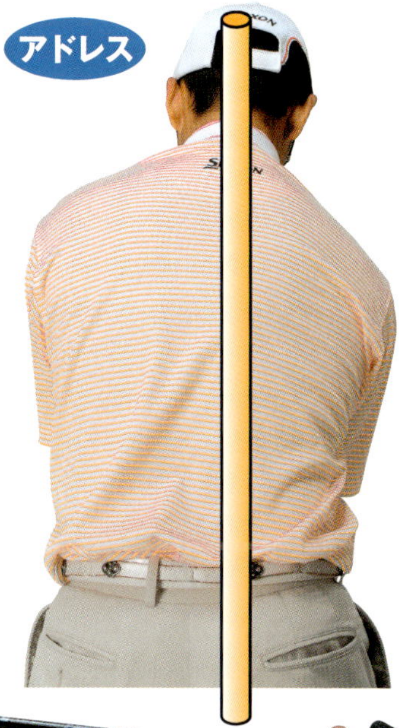

バックスイングの開始と同時にウエートは徐々に右に移りはじめ、トップスイングでは90%以上右足に乗る。この体をねじり上げる力の支柱となるのが背骨だ。

止めておかなくてはならないのは頭ではなく、あくまでも軸となる背骨。背骨の延長上にある首筋が大きくズレなければ、頭は多少右にスライドしても構わない。むしろこうすることによってはじめて、右への体重移動が可能になるのだ。

グリップはスイングプレーン上に納めよう

スイングプレーンとは、スイング中にクラブヘッドが描く軌道を平面的にイメージしたもの。往年の名プレーヤー、ベン・ホーガン（米国）が提唱したスイング理論の1つで、アドレスでボールから両肩に斜めに立てかけられた架空の板をいう。バックスイングからフィニッシュまで、この平面上をクラブヘッドが動けば、スクエアなスイングということになる。トップスイングではクラブヘッドとグリップが同一線上に位置するため、バックスイングに誤りがなければ、グリップは必然的にこの平面上に納まる形となる。

POINT 1
ボールと肩とを結んだ延長線上にグリップを納める
POINT 2
スイングプレーンに沿ってクラブを上げる
スイングプレーン
スタンスの向き
飛球線

POINT 2
トップスイングでは
この平面上にクラブが
位置するのが理想
POINT 1
アドレスではこの
スイングプレーンを
イメージする
スイングプレーン

上半身と下半身の捻転差が飛距離を生む

バックスイングは単なる回転運動ではなく体のひねり運動であるため、下半身と上半身を比べた場合、徐々にひねりの大きさに差がついていかなければならない。そして、これが実践できればトップスイングで体の各部分には、最大限のひねりの差が生まれることになる。ヒザより腰、腰より肩、肩より腕といったように、体の上部にいくほどひねりの度合いを大きくし、クラブヘッドに最大のパワーを蓄積するのだ。

SRIXON
90°
45°
POINT 1
グリップは右耳の上方に納める
POINT 2
この捻転差がパワーを生む
POINT 3
ヒザから下は意識的に動かさない
POINT 4
ウエートは9割以上右足に乗せる
9
1

NG スエー

右ヒザが流れ、上体がアドレスの位置より右に動いて（スエー）軸がズレてしてしまうと、上半身と下半身の間にねじれの差が生まれず、パワーが蓄積できないばかりか、スイング軌道も狂ってしまう。

NG 腕だけで上げる

腕でクラブを引き上げてしまうと上体のねじれが不足して、パワーが蓄積できない。

NG 無理に頭を止める

頭を無理にアドレスの位置に止めておこうとすると、肩のひねりが不足してトップが小さくなったり、左肩が下がりやすくなる。特に肩の上下動はダフリ、トップの要因となるので注意が必要。

シャフトは平行
フェースは斜め下45°

飛球線の後方からトップスイングでのクラブの形を見たとき、シャフトはほぼ飛球線と平行になって、クラブフェースが斜め下45°を向いているのが理想だ。また、左手首が上下に折れることなく、左手の甲と外腕部は平面になっているのが正しい腕の形。左脇が締まり、肩越しにボールを見る体勢ができていればベストだ。

POINT 1
クラブフェースが
斜め下45°を向く
POINT 2
シャフトは飛球線と
平行になる
POINT 3
左手の甲と外腕部が
平面になる
POINT 4
右脇が締まりヒジが
地面を向く
POINT 5
左肩越しに
ボールを見る

左手の親指にシャフトが乗り、クラブフェースが斜め下45°を指すのが正しいトップスイングの形。肩や腕、グリップに余分な力が入っていなければ、この時点でクラブヘッドの重みを感じられるはずだ。

NG 左手首が甲側に折れる

トップスイングで左手首が甲側に折れるとフェースが開いてしまう（45°以上下を向く）。このままスイングするとインパクトでフェースが閉じきらずに、スライスを誘発しやすくなる。

NG 手のひら側に折れる

逆に左手首が手のひら側に折れるとフェースが閉じてしまう（フェース面が上を向く）。このままスイングするとフェースが閉じた形でインパクトを迎えるため、フックを誘発しやすくなる。

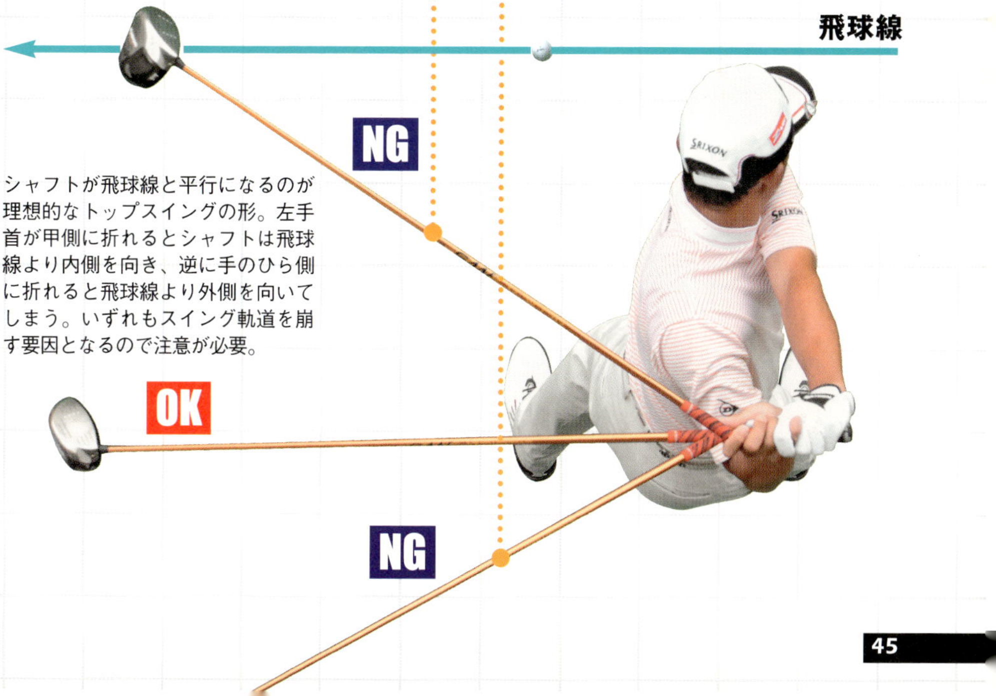

シャフトが飛球線と平行になるのが理想的なトップスイングの形。左手首が甲側に折れるとシャフトは飛球線より内側を向き、逆に手のひら側に折れると飛球線より外側を向いてしまう。いずれもスイング軌道を崩す要因となるので注意が必要。

LESSON 5 DOWN SWING

DVD 2

ダウンスイング

下半身から スタートしよう

ダウンスイングとはトップスイング以後、ボールをヒットするまでのクラブを振り下ろす動作をいう。このときの腕と体の動きのバランスが、ナイスショットとミスショットの分かれ目となる。

このダウンスイングのスタートはバックスイングの逆が基本。ひねりの少ない（遅い）下半身からスタートさせるのが正しい順序となる。左足のヒールダウン（かかとを地面に着ける動作）から、左ヒザ、左腰、左肩、左腕といったように、体の左サイドを主体に下半身から巻き戻し、最後にクラブヘッドが動き出すといったイメージを持とう。

下半身からスタートすることによって、スイングスピードが加速されるとともに、クラブヘッドは自然にインサイド・イン（➡ P19）の正しい軌道を描く。

OK 体の左サイドで引き戻す

左腕でクラブをアドレスの位置に引き戻すつもりで振り下ろす。体の左サイドを主体にダウンスイングすれば、クラブヘッドは体に巻きつく形で自然にインサイドから下りてくる。

NG 右腕で打ちに行く

右腕でボールを強くヒットしようとすると、ダウンスイングで右肩が前に出て、スイング軌道がアウトサイド・インとなる。スライスや引っかけの要因となるので要注意。

両肩はインパクトまで開かない

ダウンスイングに入ると下半身が先行する形で体は左方向へと回転を始めるが、ひねりが大きい両肩は、インパクト直前まで飛球線に対して、やや閉じた形になっていなくてはならない。飛ばそうとすると上体が早く開きがちになるので、イメージとしては右肩をトップの位置に止めておくつもりでスイングするといい。

SRIXON
POINT 1
右肩はトップの位置に止めておくイメージで
POINT 3
アドレスの位置にグリップを戻すつもりで
POINT 2
下半身のリードでスイングする

OK 左腕のリードで振り下ろす

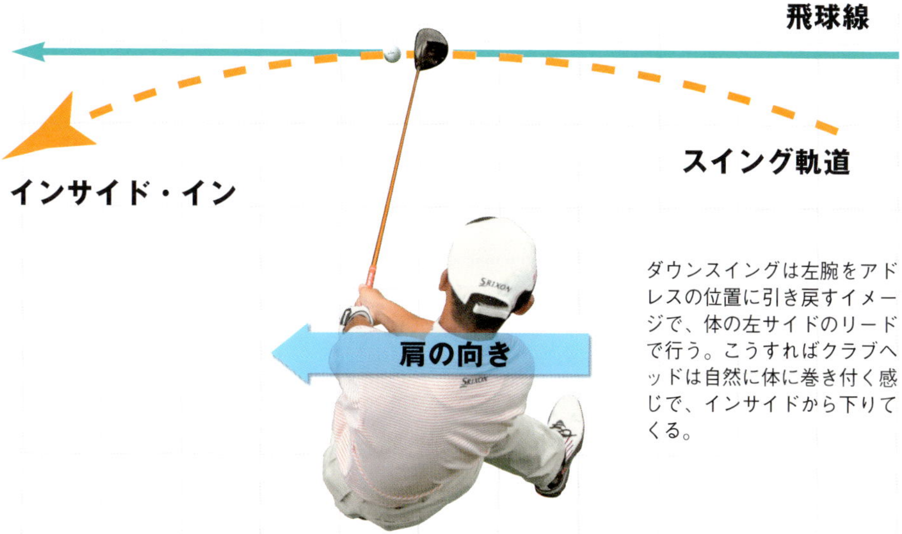

ダウンスイングは左腕をアドレスの位置に引き戻すイメージで、体の左サイドのリードで行う。こうすればクラブヘッドは自然に体に巻き付く感じで、インサイドから下りてくる。

NG 右腕で打ちに行く

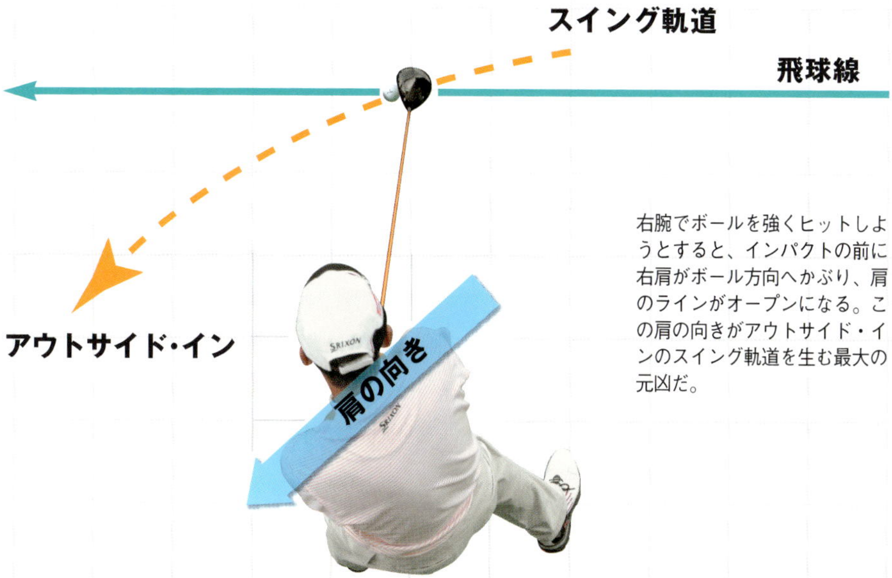

右腕でボールを強くヒットしようとすると、インパクトの前に右肩がボール方向へかぶり、肩のラインがオープンになる。この肩の向きがアウトサイド・インのスイング軌道を生む最大の元凶だ。

ダウンスイングで左ヒジは常に下向きに

ゴルフスイングでは体の横回転に対して、腕はあくまでも上下動が基本。野球のバッティングのように体の回転に沿って横に振るのではなく、グリップエンドが地面を指すように、ヒジを下に向けたまま縦に振り下ろすのが正しいダウンスイングだ。これができればクラブはスイングプレーン上を立って下りてくるようになる。

OK クラブを立てて引き下ろす

POINT 1
スイングプレーンに沿ってクラブを立てる
POINT 2
左ヒジは下向きに

左ヒジを下に向けたまま、左腕のリードでダウンスイングする。こうすればクラブはスイングプレーンに沿って、シャフトが立った状態で下りてくる。

NG クラブを寝かせる

NG
クラブが寝るとスイングプレーンから外れてフェースが開く
NG
ヒジが前を向いてはダメ

左脇が開き、ヒジが前を向いてしまうとシャフトが寝てフェースが開くためにスライスを誘発する。バットスイングのようにクラブを横に振ってはダメ。

アゴは真っすぐ下に向けておこう

バックスイングに限らず、スイング軸をキープするのはダウンスイングでも同じだ。ダウンスイングでスイング軸を不動にするためのポイントはアゴの向き。アドレスで真っすぐであったアゴを、そのの位置のまま正面に向けてクラブを振り下ろすのだ。ボールを強くヒットしようとするとアゴが左に傾き、軸が右に倒れるので要注意。右肩が下がって体重も右足に残るので、ダフリやトップ、スライスを引き起こしやすくなるのだ。

POINT
アゴを立てておけば
軸はズレずに右肩も
下がらない

NG アゴが左に傾く

飛ばそうとしてアゴを傾けてしまうと軸がズレて、ダフリやトップ、スライスなどの要因となる。

NG
アゴが傾くと
軸がズレて
右肩が下がる

LESSON 6 IMPACT

DVD 2

インパクト

インパクトはゾーンでイメージしよう

インパクトとはクラブヘッドがボールに当たる瞬間のことをいう。野球やテニスのように向かってくるボールを打ち返すのではなく、地上に静止しているボールを打つゴルフでは、ボールを点で弾き返すというより、クラブヘッドでボールを運び出すイメージを持ったほうが方向性は安定する。インパクトを点でとらえ、ボールを力いっぱい弾くのではなく、あくまでもスイングの中の一過程として、ゾーンでイメージすることが大切だ。

POINT
このような筒をイメージする

ボールを中心にした1m前後の筒をイメージして、その中にヘッドをくぐらせるつもりでスイングする。ボールを強く弾こうという意識は捨て、この軌道上にヘッドを走らせることだけを考えよう。

上体はアドレスの形を再現しよう

「インパクトはアドレスの再現」などと言われるが、実際は左足へ体重が移動することによって、下半身は上体より少し早く左へ回転するので、正確にはまったく同じ形とは言えない。しかし、極力上体はアドレスの位置に戻っていることが大切だ。

アドレス

アドレスではヒザ、腰、肩といった体全体が飛球線に対してスクエアで、ウエートは左右均等にかかっている。

5
5

インパクト

インパクトでは、左への体重移動により、下半身はアドレス時よりやや左へ回転しているが、両肩のラインとグリップはアドレス時の位置に戻っている。

POINT 1
上体はほぼアドレスを再現
POINT 2
下半身はアドレスよりやや開いた形になる
3
7

LESSON 7 FORROW THROUGH

DVD 2

フォロースルー

胸の前にグリップがくるようなフォローをとろう

ゴルフスイングは、ボールを中心としてクラブヘッドを飛球線の内側から内側へと弧を描くように振るのがのが基本。このインサイド・インの軌道をキープするポイントは、体とグリップエンドとの間隔を終始変えないようにスイングすることにある。

したがって、フォロースルーではアドレス時のグリップと体との間隔を変えずに、グリップが左腰の高さを過ぎるまでは、常時胸の前にグリップが位置していることが重要になる。

NG
ヘッドが返らない
NG
左ヒジが引けて脇が開く

NG グリップがズレる

右腕で強く打とうとすると左ヒジが引けてフェースが返らず、スライスを誘発する。

OK グリップは常に胸の前

飛球線に対してインサイド・インにスイングすれば、意識しなくてもフォロースルーで自然にクラブヘッドはターンする。

アドレス

アドレスでのグリップと体との間隔は、握り拳1個半から2個が目安。

POINT
アドレスと
同じ間隔に

フォロースルー

アドレス時の間隔とフォロースルーでの間隔をズラさず、グリップエンドがお腹を指すように振り抜けば、自然にクラブヘッドは体の回転に沿ってインサイドへ抜けてくる。

腰から上では右手は常に左手の上

スイングプレーンに沿ってスクエアにヘッドを動かすためには、グリップが腰から上にある状態（ダウンスイング前半とフォロースルー後半）で、右手が常に左手より上に位置していることが条件となる。ダウンスイングでは左脇を締め、体の左サイドのリードで振り下ろせば、意識しなくても右手はひらり手よりも高くなるし、フォロースルーでは右腕をしっかりと伸ばしていけば、やはり右手は左手の上になるなはず。インパクト以後、グリップよりもヘッドを先に振ってやるイメージでフォロースルーをとれば、意識的にリストターン（インパクトエリアで手首を返す動作）を行わなくてもクラブフェースはしっかりと返ることになる。

POINT 1
ダウンスイングと
左右対称になって
いればベスト
POINT 2
右腕は真っすぐに
伸ばす
POINT 3
右手は左手
よりも上に
POINT 4
腰から上では
左手よりも
右手が上

左脇を締めてクラブを立てよう

ダウンスイングと同じように、フォロースルーでも腕は縦に振るのが基本となる。左脇を締めて右腕を真っすぐに伸ばし、グリップを左耳の斜め上方に向けて振り抜けば、自然にシャフトが立ってクラブヘッドは大きな円を描くようになるはずだ。

OK クラブが立つ

左脇を締めて、グリップが左腰を過ぎるあたりから左耳の斜め上方へ向けて大きなフォロースルーをとる。

NG 横振りになる

右腕主体でスイングすると、フォロースルーで左ヒジが引けて横なぐりのスイングになるためにフェースが返らず、スライスの要因になりやすい。

フィニッシュ

トップと対称の位置にフィニッシュを納めよう

ゴルフスイングは体の左への動きと、右への動きを左右対称にするのが理想となるので、フィニッシュはトップスイングを180°左に回転させた位置に納めるのが基本となる。トップスイングでは右足にウエートが乗り、右耳の上方にグリップが納まっていたが、フィニッシュでは逆に左足にウエートが乗って、左耳の上方にグリップが納まっていることが大切だ。

I(アイ)字型を意識しよう

スイング軸を保って体が回転し、右から左への体重移動がスムーズに行われれば、フィニッシュでは体がフラつくことなく、ローマ字の「I」字のような形でバランスよく立っていられるはずだ。フィニッシュはスイングの結果を映す鏡とも言えるので、フィニッシュがうまくとれないようならスイングに欠陥があると思って間違いない。

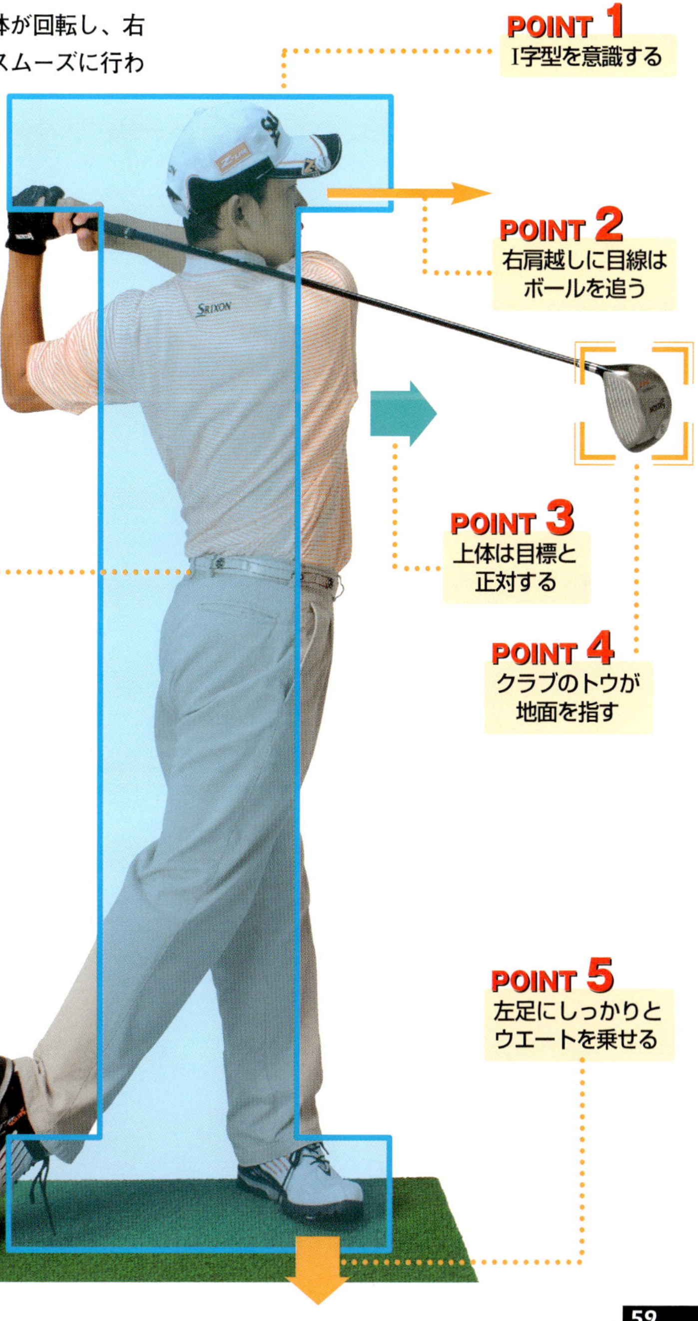
POINT 1
I字型を意識する
POINT 2
右肩越しに目線はボールを追う
POINT 3
上体は目標と正対する
POINT 4
クラブのトウが地面を指す
POINT 5
左足にしっかりとウエートを乗せる
POINT 6
グラつかずに数秒間立っていられるバランスで
SRIXON

GOLF COLUMN 2

ゴルフクラブはスライス製造器!?

ほぼすべての初心者がかかる「スライス病」。ゴルフの上達とは言い換えればスライスの克服ともいえるほど、スライスは厄介な病だ。だが、これはクラブを使ってボールを打つ以上、ある意味やむを得ない現象なのである。ご存じのようにウッドであれアイアンであれ、ゴルフクラブのヘッドはシャフトの先端から前に飛び出す形で取り付けられている。実はこの構造がそもそもの原因。ヘッドの重心（打点）がシャフトの延長線上から外れているために、スイング中フェースには常に開こうとする力が働く。インパクトでフェースが閉じきらなければスライスが発生するのは自明の理なのだ。

「それならゲートボールのスティックのように、シャフトの延長線上にヘッドを付けたらいいのでは？」と思うかもしれないが、これではせいぜい100ヤード程度しかボールは飛ばない。200ヤード、300ヤードといったゴルフならではの飛距離は、スイングのスピードと、インパクトエリアでヘッドがターンする際に生じるエネルギーとの相乗効果で生み出されるものであるからだ。いくら飛距離より方向性とはいえ、やはりボールを遠くに飛ばすのもゴルフの醍醐味1つ。飛ばないクラブでプレーするより、努力してスライスを克服したほうがその後の楽しみは大きいはずである。

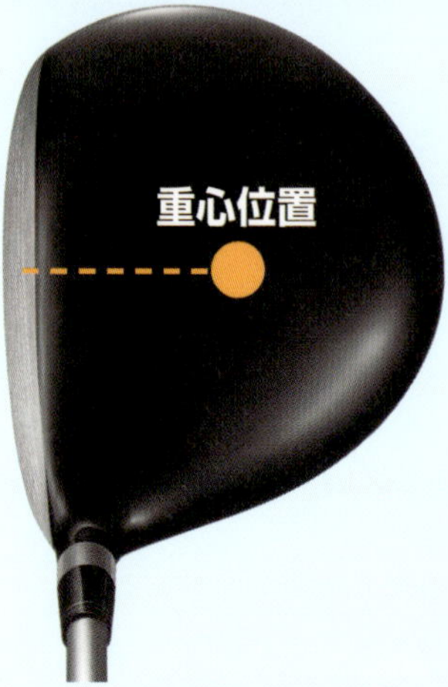

ゴルフのクラブはヘッドの重心がシャフト軸線からズレているために、スイング中にフェースが開きやすく、スライスを誘発しやすい構造になっている。

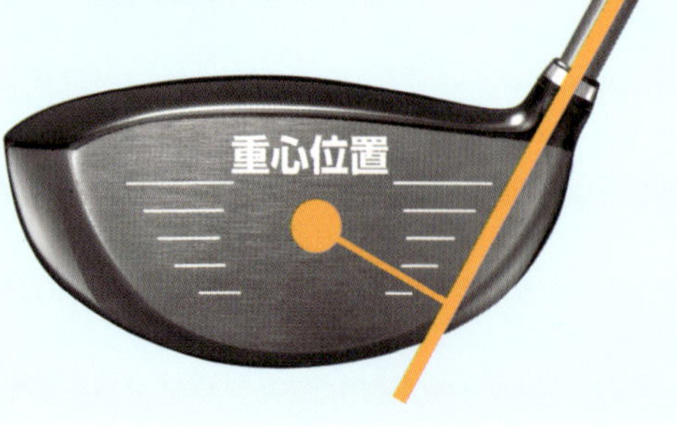

3
CHAPTER

ドライバーショットの打ち方

LESSON 1　DVD 3

ドライバーとはどんなクラブか

最も飛距離を出せるクラブがドライバーだ

　ドライバーはウッドクラブの中で最もシャフトが長く(平均44インチ≒112cm前後)、飛距離を出すのが目的のクラブで、主にティショットに用いられる。他のクラブと比べて最もロフト（クラブフェースの角度）が少ないため、ジャストミートすれば飛距離は出るものの、ちょっとした軌道のズレが大きなミスとなって現れやすい。スライスが出やすい初心者にとっては扱いにくいクラブである。

　十数年前まで、ドライバーに限らずフェアウエーウッドなど飛距離を目的としたクラブのヘッドは、ほとんどが木製だったため、これらのクラブを総称して「ウッドクラブ」と呼んでいた。しかし、現在では技術の進歩によりステンレスやチタンといった金属製のクラブが主流となっている。ただし、ヘッドの形状は木製とほとんど変わらないため、材質に関係なく現在でも“ウッド”呼ばれることが多い。

ドライバーはウッドクラブの中でも最もヘッドが大きい。ここ数年技術の発達によりヘッドの大型化が進み、現在ではヘッドの容積が400ccを超えるモデルが主流となっている。

クラブの構造と各部名称

ゴルフクラブはクラブヘッドが丸くて大きいウッドクラブと、ヘッドが薄いアイアンクラブに大別される。ウッドは前ページで説明したように、主に飛距離を出すときに使われるクラブであるのに対して、アイアンは目的の場所にボールを運ぶためのクラブだ。ただし、この2つはヘッドの形状と使用目的こそ異なるものの、構造自体はほぼ変わらない。

イラストのようにウッドもアイアンも、クラブフェース（クラブヘッドの打球面）にはロフト（フェースの傾き角度）がつけられており、表面にはスコアライン（フェース面に刻まれた溝）が彫り込まれている。ロフトにはボールを上げる働きがあり、この角度が大きいほどボールは高く上がる（もちろん飛距離は低下する）。また、スコアラインには、摩擦抵抗を大きくしてボールにバックスピン（進行方向とは逆の回転）をかかりやすくとともに、雨の日などフェースに付いた水を排出してスリップを防ぐ、いわゆる“雨樋《あまとい》”としての働きがある。

クラブのソール（クラブヘッドの底）を地面に着けたとき、地面とホーゼル（クラブヘッドの首の部分）との間にできる角度をライ角という。このライ角はクラブの番手が下がるごとに大きくなるが、それと合わせてシャフト（クラブの柄の部分）も0.5インチ（約1.27cm)ずつ短くなるように設計されているため、番手が下がるごとに徐々にシャフトは垂直に近くなる。

[ウッド]

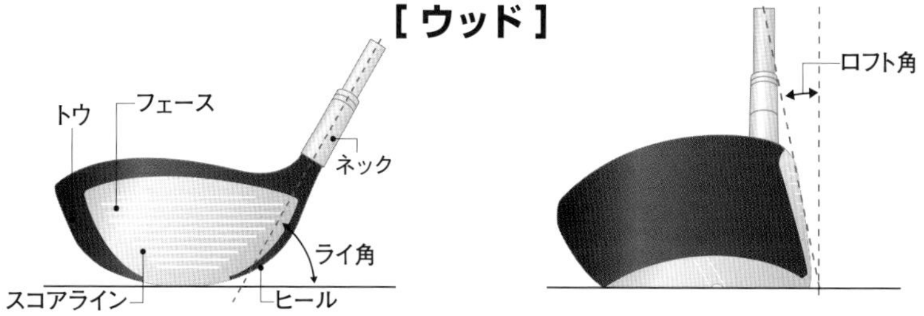

[アイアン]

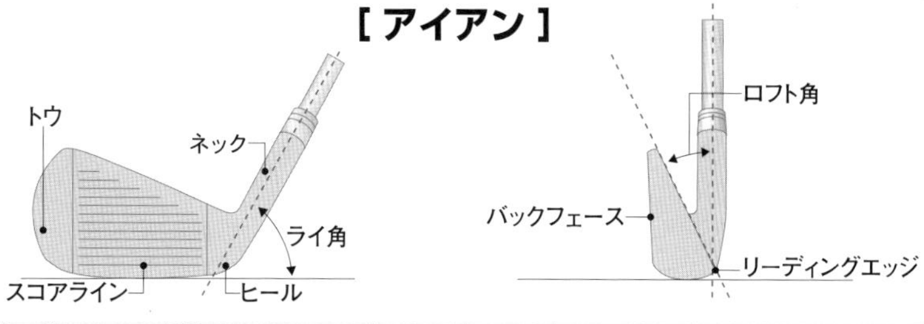

初心者向きのドライバーとは

　これからクラブを握ろうという初心者にとって、自分に合うクラブを探すのは意外に難しい。体型や、身長、運動神経など身体的な条件には個人差があるので、初心者ならこれといったクラブは存在しないと言っていいからだ。

　初心者がクラブを選ぶ際、まず最初に知っておく必要があるのは自分のヘッドスピード（ボールをヒットする際のクラブヘッドの速度）がどれくらいあるのかということ。一般的に市販されているクラブは、このヘッドスピードを基準としてランク分けされているので、自分のヘッドスピードが分かればおおよその目安はつけられる。ほとんどのショップには計測器が常備されているので、必ず計測してみることが大切。そして、その数値を基準に以下の点に注意してクラブを選ぶよう心がけたい。

初・中級者向けのモデル

同じモデルでもロフトやバランスなど条件が異なるタイプがあるので、モデルだけでは一概に合う合わないは判断できない。ただし、メーカーはそれぞれ使用する人のレベルを想定して各モデルを製作しているので、パンフレット等を見ればおおよその判断はできる。ちなみに、写真左は初・中級者向けのモデルであり、右は上級者向けだ。

上級者向けのモデル

シャフトは硬すぎないものを選ぶ

　ヘッドスピードを基準にクラブを選ぶ場合、最も重要なポイントとなるのはシャフトの硬さだ。シャフトの硬さは5段階に分類され、硬くなるほど速いヘッドスピードが要求される。硬いシャフトほどヘッドの利きは鋭くなるが、ヘッドスピードがないとシャフトのしなりを利用できなくなるので、逆に飛距離の低下を招くことになる。

　初心者のヘッドスピードは、平均35〜40m/sなので、通常であればレギュラーシャフトで十分。硬すぎるシャフトは百害あって一利なしということを覚えておきたい。

シャフト硬度		
X	エクストラ	ヘッドスピード45m/s以上 最強のプロ向き。
S	スティッフ	ヘッドスピード40〜45m/s プロや強打の上級者向き。
R	レギュラー	ヘッドスピード35〜40m/s 一般男性向き。
A	アベレージ	ヘッドスピード30〜35m/s 一般男性向き。
L	レディース	ヘッドスピード30m/s以下 一般女性向き。

ライ角は必ずチェックする

ボールを遠くへ真っすぐに飛ばすためには、正しいスイングプレーン（スイング中にクラブヘッドが描く軌道）が要求される。いくらヘッドスピードが速くても、正しい軌道でヘッドが振れなくては何の意味もない。正しいスイングプレーンを作るうえで、最も重要になるのがアドレス時のグリップポジション（クラブを構えたときのグリップの位置）だ。この位置が常に一定していないと、スイング軌道がフラット（地面に対して平行に近い横振りの軌道）になりすぎたり、逆にアップライト（地面に対して垂直に近い縦振りの軌道）になりすぎたりしてしまう。このグリップポジションを決定する際の基準となるのがライ角であり、この角度が自分に合っていないとグリップポジションは決まらないと言っていい。

ライ角は身長や腕の長さによって異なるが、正しくアドレスしたときに（➡P18）、ソールがピッタリと接地する角度がベスト。極端にトウ側が浮いてしまったり、逆にヒール側が持ち上がってしまうようなら、ライ角が合っていないクラブといえる。

シャロータイプのヘッドを選ぶ

フェースに厚みのあるディープフェースタイプ（写真左）より、ヘッドがやや薄いシャロータイプ（写真右）のほうが、重心の位置が低くなるぶんボールが上がりやすく、初心者には扱いやすい。プロなどヘッドスピードが速い人にとっては余分なスピンが減るディープフェースのほうが飛距離は伸びるが、スライスが出やすい初心者はシャロータイプのほうが弾道が高くなるぶん、結果的に飛距離はアップする。

LESSON 2

DVD 3

構え方とスイングの基本

ボールを運ぶべき地点を明確にしよう

ティショット（そのホールでの第1打）を打つ際、最も注意しなければならないは、どういうルートでそのホールを攻めるかを決めてからアドレスをとるということだ。一見、フェアウエーの真ん中ねらいが当然と思えるかもしれないが、初心者はなかなか球筋が定まらないため、フェアウエーセンターをねらうと左右どちらにもミスが出る可能性が出てくるのだ。したがって、まずOBやバンカー、池などの位置ををしっかりと確認し、それらのハザード（障害区域）を確実に避けられるルートを探すことが第一のポイントとなる。

各ホールにはそれぞれ「パー」と呼ばれる基準打数があり、ショートホールは3打（1打でグリーンに乗せ、2パットでホールアウトするのが基本）、ミドルホールは4打（2打でグリーンに乗せ、2パットでホールアウト）、そしてロングホールは5打（3打でグリーンに乗せ、2パットでホールアウト）がパーとなる。しかし、初心者は目標スコアをこのパーではなくボギー（パーより1打多い打数）に置き、どのホールでも1打多い打数でグリーンをねらうようなルートを選択することが大切だ。

初心者にとってフェアウエーセンターねらいは意外にリスクが多い。ボギーを目標に安全確実なエリアを探し、そこにボールを運ぶことを考えよう。

ホールの攻め方

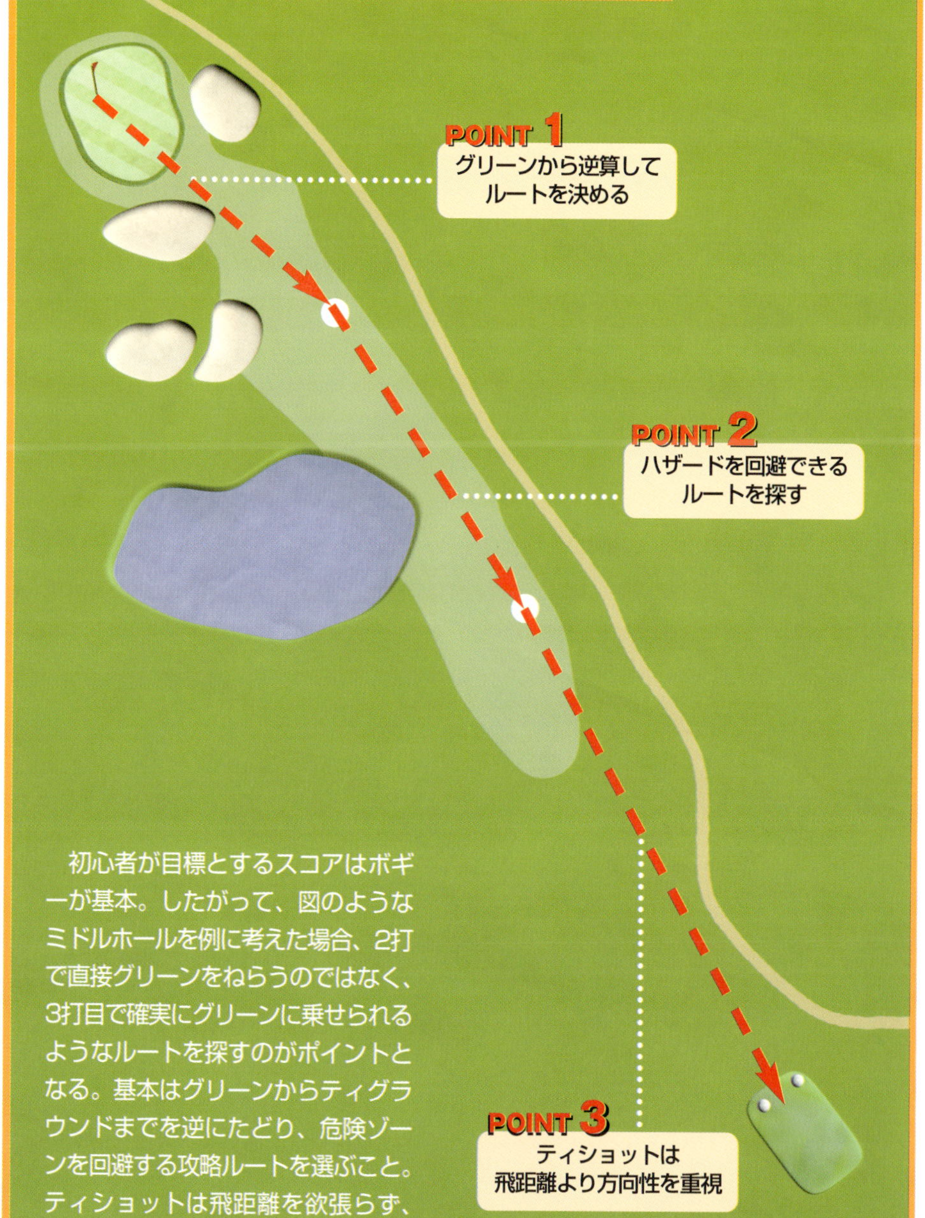
POINT 1
グリーンから逆算して
ルートを決める
POINT 2
ハザードを回避できる
ルートを探す
POINT 3
ティショットは
飛距離より方向性を重視

初心者が目標とするスコアはボギーが基本。したがって、図のようなミドルホールを例に考えた場合、2打で直接グリーンをねらうのではなく、3打目で確実にグリーンに乗せられるようなルートを探すのがポイントとなる。基本はグリーンからティグラウンドまでを逆にたどり、危険ゾーンを回避する攻略ルートを選ぶこと。ティショットは飛距離を欲張らず、できるだけ次打が打ちやすい地点にボールを運ぶのがコツだ。

正しいティアップを覚えよう

ルール上、ティグラウンドから第1打を打つ場合に限り、ボールをティペッグ（ボールを乗せるための球座）などの上に置いてショットすることが許されており、このことをティアップと呼ぶ。ティグラウンドの範囲は「2つティマーカーの外側をを結ぶラインを前方の一辺とし、その後方2クラブレングスを縦の一辺とする四角形の区域」と定義されており、ティアップは必ずこのエリア内に行わなければならないことになっている。

ティグラウンドに立つと少しでも距離を稼ごうと考えるせいか、ついつい前方のラインギリギリにティアップしがちなので要注意。わずか数ヤードを気にするより、できるだけ平らな場所を選び、OBやハザードの位置をしっかりと確認して、打ちやすい位置にティアップするように心がけよう。

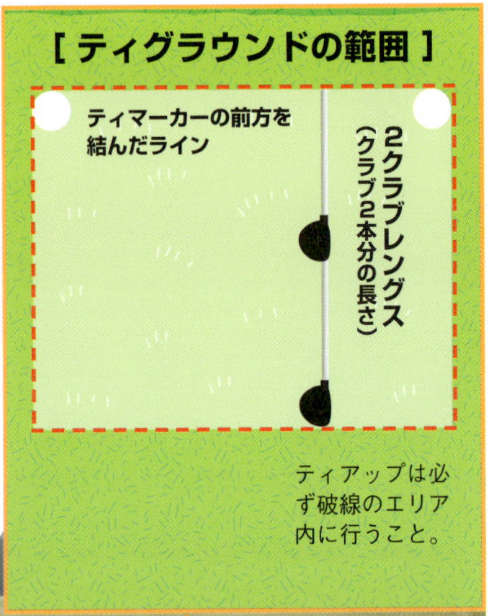

ティアップの高さ

ドライバーの場合、ティアップの高さはクラブヘッドの上部からボールが3分の1出す程度が基準。

これより低すぎるとダフリやトップになりやすく、逆に高すぎるとテンプラや引っかけの要因になりやすい。

ティアップする場所

ルール上、ティアップは必ず規定のエリア内に行わなくてはならないが、スタンスはこの外に出ても問題はない。ティグラウンドにも多少の勾配があることが多いので、足場をよく確認し、できるだけ平坦な箇所にティアップすること。

左右のウエートが均等になるよう、できる限りフラットな箇所にティアップする。

左足が高くなるような箇所にティアップしてしまうと、右足に体重が多くかかってフックや引っかけが出やすくなる。

逆に右足が高くなるような箇所では、左足に体重が多くかかってスライスやダフリが出やすくなる。

アッパーブローの軌道でヒットしよう

ドライバーショットはほとんどの場合、ティアップしたボールを打つショットとなるため、スイング軌道は必然的にアッパーブローとなる。ダウンスイングでクラブヘッドがスイング円の最下点を過ぎ、クラブフェースがやや上向きになった状態でインパクトを迎えるような軌道でヒットできれば、ボールの打ち出し角度は高くなり、キャリー（ボールが地上に落下するまでの対空距離）が多くなる。

ただし、アッパーブローといっても意識的な「すくい打ち」はダメ。あくまでも上体の向きを変えずに、アドレスのポジションでインパクトすることが大切だ。

POINT 1
やや上向きのスイング軌道
UPPER BLOW
POINT 2
軌道の最下点はボールのやや手前
POINT 3
ヘッドがやや上向きになった状態でヒットする

NG 上から打ち込む

上から鋭角的にヘッドを打ち込んでしまうと、ヘッドの上部にボールが当たったり、余分なバックスピンがかかってテンプラになりやすい。

NG
フェースが下向きの
状態でヒットしてしまう

NG すくい打ち

ボールをすくい上げようとすると右肩が落ちてダフったり、逆にヘッドの下部にボールが当たってライナーやゴロになりやすい。

NG
フェースが
開きやすくなる

セットアップは1打1打必ずチェックしよう

初心者のティショットは飛距離より方向性が優先されるため、ねらった地点に確実にボールが打ち出せるよう、セットアップには十分気を配る必要がある。ティグラウンドに立つと、とかくボールを遠くへ飛ばすことばかりに気が行き、ただ漠然とアドレスをとりがちなので要注意。単にフェアウエーセンターではなくボールを打ち出すラインをしっかりと定め、そのラインに対して１打１打正確にスクエアにアドレスをとる習慣をつけよう。

POINT 1

グリップポジションは左太ももの内側にセットされているか？

ミスショットを防ぐには、ドライバーショットといえども飛距離より方向性を重視することが大切。自分の決めたラインに対して正しくセットアップすることが成功の秘訣だ。

POINT 2
肩、腰、ヒザの
ラインがすべて
スクエアになっているか？
POINT 3
左右均等に体重が
かかっているか？
スタンスライン
5
5
POINT 4
飛球線に対して
スタンスは
スクエアか？
POINT 5
左足かかとの
延長線上に
ボールがセット
されているか？
飛球線

LESSON 3

DVD 3

方向性をよくするポイント

フェースの向きをチェックしよう

ドライバーはアイアンに比べてロフトが少なくシャフトも長いため、わずかなスイング軌道のブレが、結果的に大きなミスショットを招く原因となりやすい。正しい軌道を守るための第一のポイントは、バックスイングのスタート後、30〜40cmの間はクラブヘッドを真っすぐに引くということ。当然この間も肩の回転は始まっているので、実際にはヘッドはゆるい円弧を描くのだが、意識としてはこの間、クラブフェースをボールに向けたまま、リストを使わずにヘッドを低く真っすぐに引ことが大切だ。

POINT
開始から
30〜40cmの間
フェースをボールに
向けたまま上げる

OK 左肩の回転で上げる

左肩を右に押し込むイメージでバックスイングすれば、スイングプレーンに沿ったスクエアな軌道が描ける。

POINT 2
フェースはスクエア

POINT 3
地面に沿って上げる

NG 手首で上げる

バックスイングのスタートから手首でクラブを上げてしまうと、ヘッドが正しい軌道から外れるとともに、フェースが開いてスライスなどさまざまなミスショットを誘発しやすくなる。

NG
フェースが開く

NG
急激に上げる

肩を平らに回すイメージを持とう

ドライバーの場合、どうしても飛ばそうという意識が強く働くためか、トップからいきなり腕力（主に右腕の力）でクラブを振り下ろそうとする初心者がが多い。こうなると右肩がボール方向に向かって前に出るため、スイング軌道がアウトサイド・インとなってしまう。これが初心者がスライスを誘発する最大の要因。また、これと同時にボールを意識的に上げようとすると右肩が下がり、ダフリやトップの原因ともなってしまう。

ゴルフスイングは、あくまでも下半身が先行する形で、体の左サイドがリードするというのが基本。上体の力を抜き、肩を平らに回すイメージでスイングする習慣をつけよう。

POINT
イメージとしては
右肩をこの位置に
止めておくつもりで

OK
SRIXON
POINT 1
肩を平らに回す
OINT 2
フェースは
スクエア
POINT 3
左足に体重が
乗る

NG
SRIXON
NG
回転が傾く
NG
右足に体重が
残る
NG
フェースが開く

LESSON 4

ティショットのねらい方

打ち上げのホールでも 体重は両足均等にかけて立とう

打ち上げのホールとは、ティグラウンドよりグリーン方向が高くなるようなホールをいう。こういったホールでは、ついついボールを上げようという意識が働き、左肩が上がったアドレスになりやすいので注意が必要だ。左肩が上がると頭が右に傾き、右足にウエートが多くかかるために、ダフリやテンプラ、スライスなどを誘発しやすくなる。

フェアウエーは上り坂になっているとはいえ、ティグラウンド自体は平らなのだからこうした構えはまったく必要ない。意識的に高いボールを打とうとせず、むしろライナーを打つつもりでショットすることが大切だ。

OK 左右均等のアドレス

POINT 1
両肩のラインは
スクエア
POINT 2
ウエートが均等
5
5

高いボールを打とうという意識は捨て、通常のショットと同じように両足均等にウエートをかけて構えれば、上体が傾くことはない。

NG 右足にウエートが多くかかる

NG
肩のラインが
上を向く
NG
右足ウエート
7
3

高いボールを打とうとすると左肩が上がり、右ウエートとなるためにダフリやテンプラなどが出やすくなる。

打ち上げているからといって、意識的に高いボールを打とうとしないこと。むしろ低いボールを打つつもりでショットしたほうが、結果的に飛距離は伸びる。

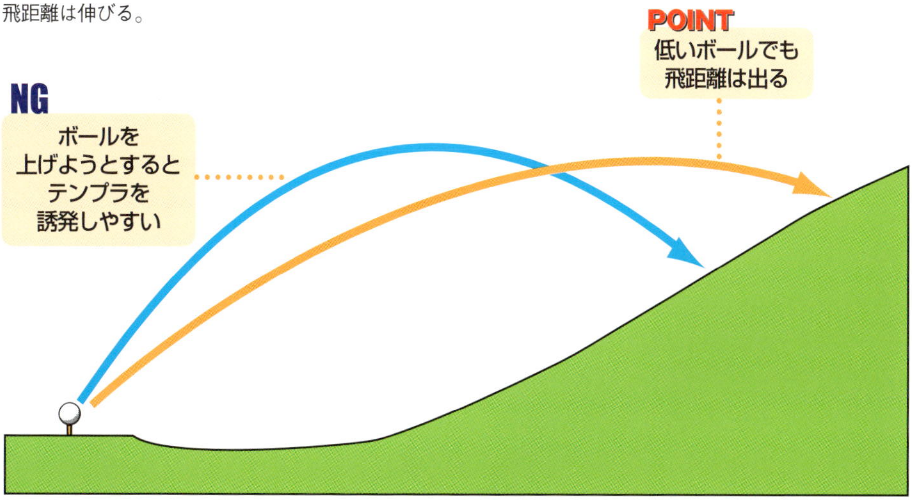
POINT
低いボールでも
飛距離は出る
NG
ボールを
上げようとすると
テンプラを
誘発しやすい

打ち下ろしのホールでは目線を高く構えよう

ティグラウンドよりグリーン方向が低くなるようなホールを打ち下ろしのホールと呼ぶが、このようなホールでは、前ページの打ち上げのホールとは逆にアドレスで左肩が下がりやすいので注意が必要だ。目標が下になるために目線が下がり、それにつられて左肩まで下がって、左足にウエートが多くかかったアドレスとなってしまうのだ。その結果の多くは引っかけかスライスである。

このようなホールでは、実際の目標に目線を合わせるのではなく、目標上空の樹木などに目線を合わせること。こうすれば平らなホールと同じように、スクエアなアドレスがとれるようになる。

OK 目標を上空に置く

目標を高くとってアドレスすればウエートが片寄らず、平坦なホールと同じようにスクエアに構えることができる。

POINT 1
肩のラインはスクエア

POINT 2
ウエートは均等

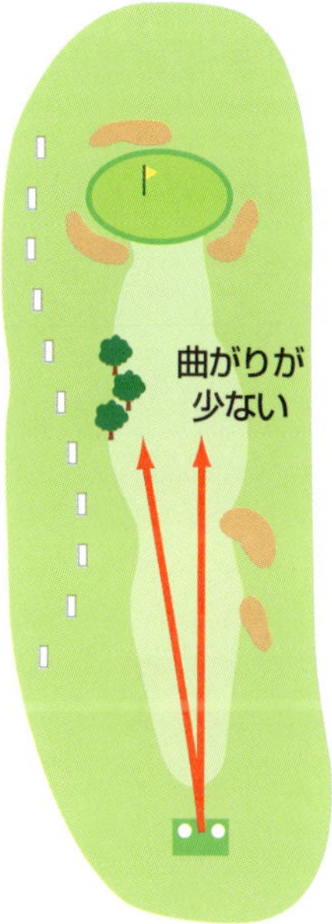

NG 目線が下がる

実際の目標に目線を合わせてしまうと、左肩が下がって左足にウエートが多くかかり、スライスや引っかけを誘発しやすい。

NG
目線とともに左肩が下がる

NG
左足に体重が多くかかってしまう

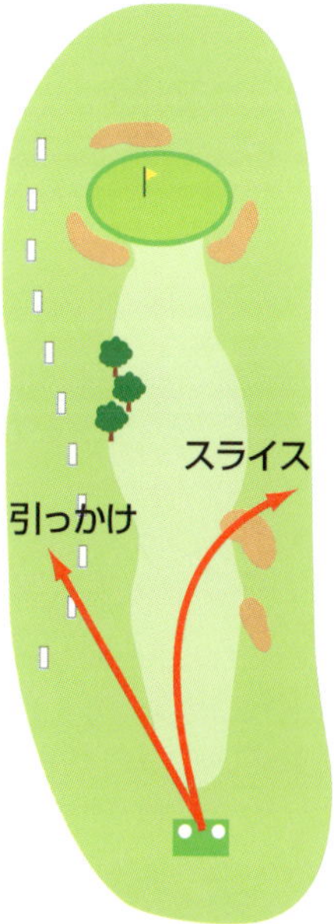

曲がりのあるホールは逆サイドをねらおう

フェアウエーが左右に曲がったホールのことを通称「ドッグレッグホール」と呼ぶが、このようなホールは曲がり角に近いルートが最短距離となる。プロや上級者などはこのル

左ドッグレッグホールのねらい方

フェアウエーが左に曲がる左ドッグレッグホールでは、曲がりとは逆のフェアウエー右サイドが安全確実な攻略ルートとなる。セカンドショットの距離は残るが、ボギーを基本と考え、3打でグリーンをねらいやすい地点にボールを運ぶことが大たたきを防ぐコツだ。

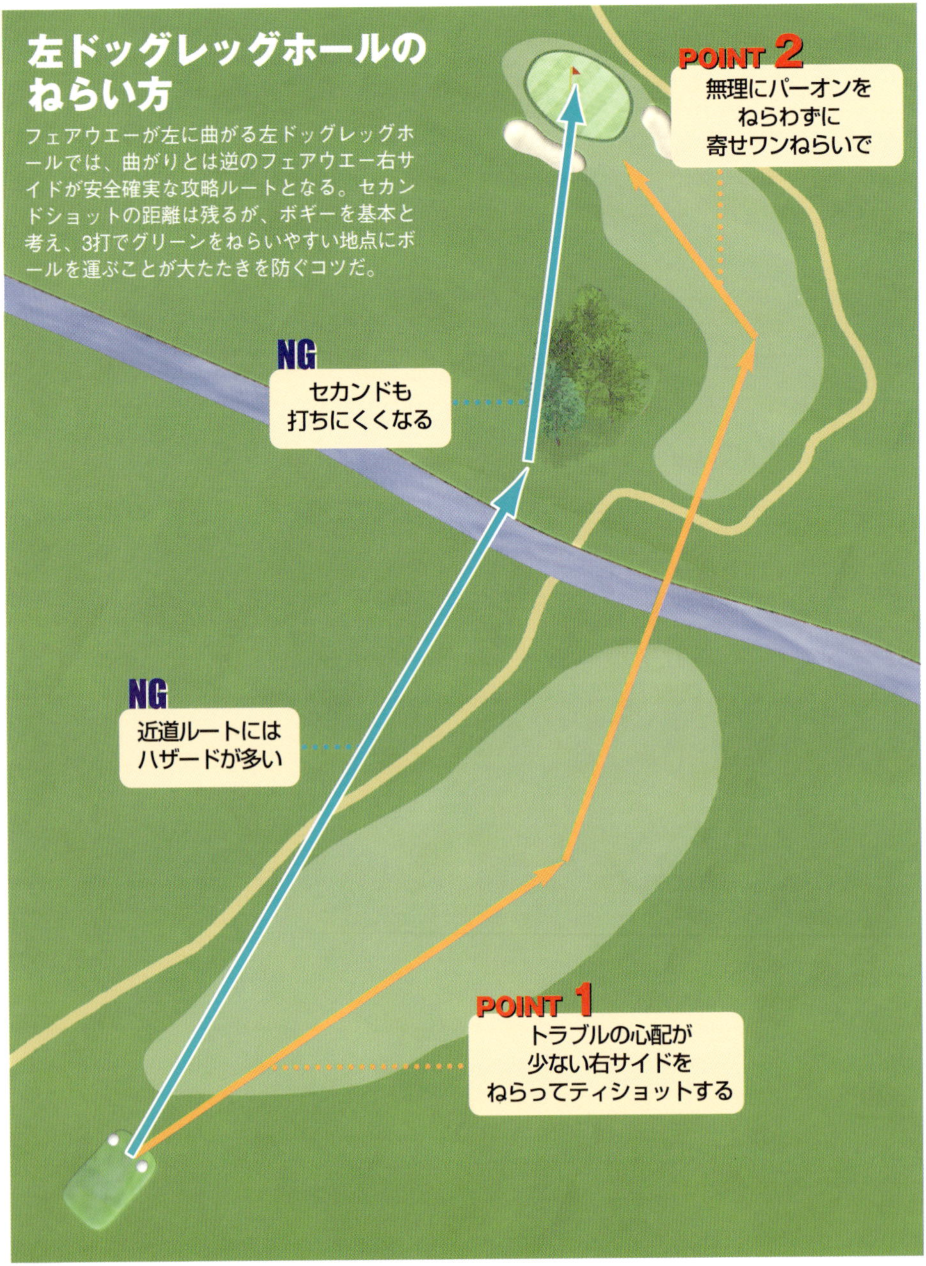

POINT 2
無理にパーオンをねらわずに寄せワンねらいで
NG
セカンドも打ちにくくなる
NG
近道ルートにはハザードが多い
POINT 1
トラブルの心配が少ない右サイドをねらってティショットする

ートをねらって打っていくことが多いが、このルートはハザードや林越えになるケースが多く、リスクが高い攻め方となる。したがって、初心者はこのルートは絶対にねらわず、多少遠回りになっても曲がりと逆のコーナーをねらうのが原則だ。近道を選んで大きなトラブルを招くより、安全確実なルートで攻めるほうが結果的にスコアはよくなる。

右ドッグレッグホールのねらい方

左ドッグレッグホールとは逆に、フェアウエーが右に曲がる右ドッグレッグホールは、フェアウエー左サイドがねらい目。特にスライスが出やすい初心者にとって、近道である右ねらいのルートは大きなトラブルを生む危険性がある。

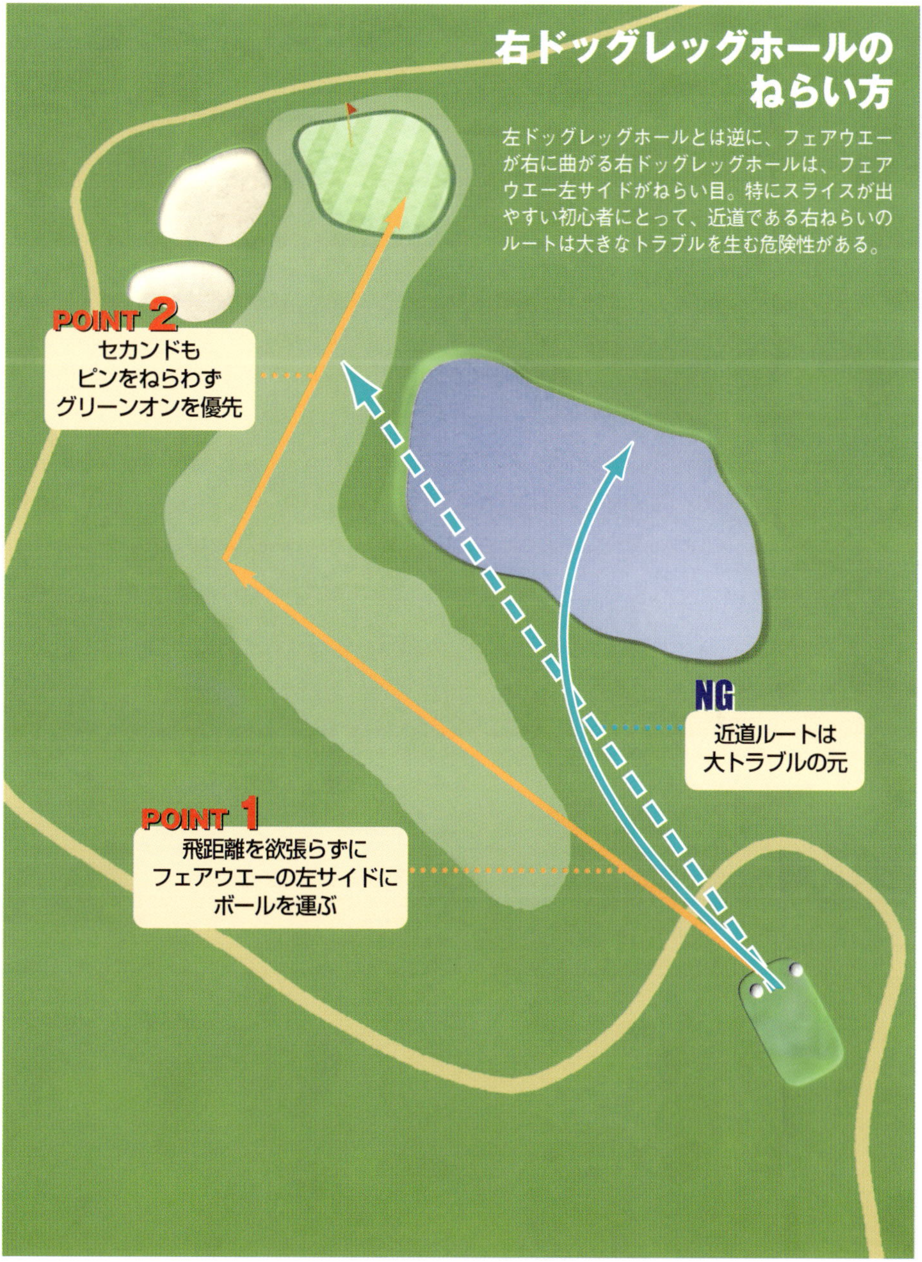
POINT 2
セカンドも
ピンをねらわず
グリーンオンを優先
NG
近道ルートは
大トラブルの元
POINT 1
飛距離を欲張らずに
フェアウエーの左サイドに
ボールを運ぶ

DVD 3 ドライバーショットはこう打とう

DRIVER SHOT

1
2
リストを使わず、肩の回転でバックスイングをスタートする。
3
グリップが右腰を過ぎるあたりから徐々に手首を折っていく。
5
5
両足均等にウエートを置いてアドレスする。

7
8
9
体の左サイドのリードで、下半身からダウンスイングをスタートする。
インパクトはゾーンでイメージする。

ドライバーショットは最も飛距離を要求されるショットだが、シャフトが長く、ロフトも少ないぶんボールコントロールが難しいショットだ。特に初心者にとってはスライスが出やすいクラブなので、飛距離よりも方向性を重視し、力まずに自分のリズム、テンポを守ってスイングすることが大切だ。

4
5
6
右耳の斜め上方に
トップを納める。

10
11
12
右肩を目標方向へ
押し込むようにし
て大きなフォロー
スルーをとる。
左足にしっかりと
ウエートを乗せ、
I 字型のフィニッ
シュをとる。

GOLF COLUMN 3

ギア効果を利用しよう

初心者がスライスを防ぐ方法として、大いに活用したいものの1つに「ギア効果」がある。ギア効果とは、インパクトでボールとヘッドが衝突する際、その衝撃でヘッドが一定方向に回転することでボールにヘッドとは逆の回転がかかる現象をいう。たとえば、下のイラストのようにヘッドのトウ寄りにボールが当たると、その衝撃でヘッドはトウ側が後方に押し出される形で右に回転する。そして、その際ボールには噛み合った歯車のように左回りのサイドスピンが発生する（逆にヒール側に当たると、右回りのサイドスピンとなる）。左回りのサイドスピンとはフックスピンのこと。ボールに左回りの回転がかかればスライスにはならないので、この効果をうまく利用してやればいいのだ。

ただし、意図的にトウ寄りで打つというのは初心者にはまず無理な話。クラブを選ぶ際、あらかじめトウ寄りに当たりやすいよう、重心がセンターよりややヒールに寄った機種を選ぶのがコツだ。

[ギア効果のしくみ]

トウ寄りでヒットすると、ギア効果によってヘッドは右に、ボールは左に回転する。

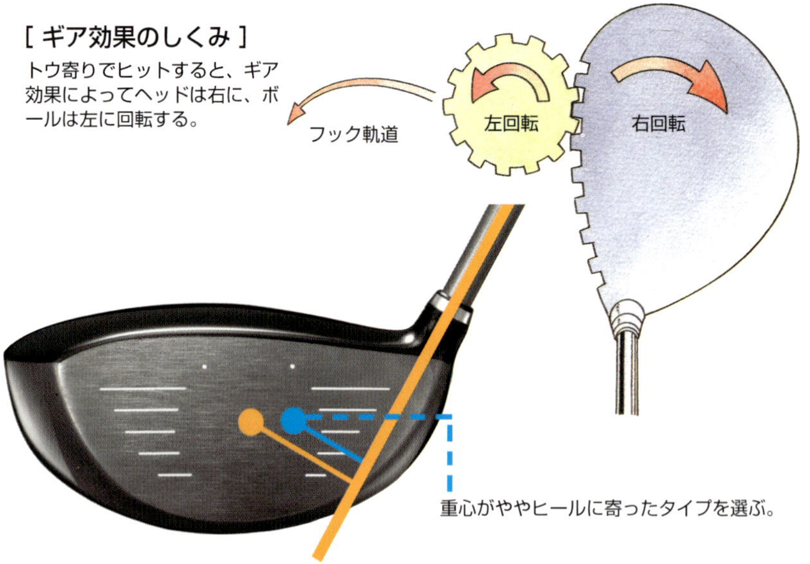

4
CHAPTER

フェアウエーウッドの打ち方

LESSON 1

DVD 4

フェアウエーウッドとはどんなクラブか

フェアウエーから使うウッドクラブだ

フェアウエーウッドとは文字通りフェアウエーから使用するウッドクラブのこと。ヘッドの形状はドライバーとほぼ同じだが、サイズがやや小ぶりでロフトが大きく作られている。主にロングホールや距離のあるミドルホールの第２打めのショットで使われるが、ティショットの飛距離に乏しい初心者にとって、上級者より使用頻度が高いクラブといえる。このクラブが使えるか否かでスコアは大きく変わってくるので、スイングの基本をしっかりとマスターして、スコアメイクに役立てたい。

フェアウエーウッドはアマチュアの強い味方。4番ウッドでも平均16～17°とロフトがあり、ヘッドも大きいのでボールは楽に上がってくれる。

ウッドとアイアンの相違点

これまでアマチュア向けのクラブセットといえば、ウッドの1、3、4番とアイアンの3～9番、それにウェッジ2本を加えた11本（ほとんどパターは別売）というのが一般的であった。しかし、5～9番という短いフェアウエーウッド（ショートウッドと呼ばれる）や、ユーティリティーアイアン（➡P110）の登場で、セットの中身は大きく変化してきている。以前のセットは、単に飛距離を打ち分けることに重点が置かれ、単純に残りの距離で使用クラブを決める傾向にあった。しかし、本来ウッドとアイアンの違いは、単に飛距離の大小にあるのではなく、ボールの弾道にこそその相違点がある。

［ クラブによる弾道の違い ］

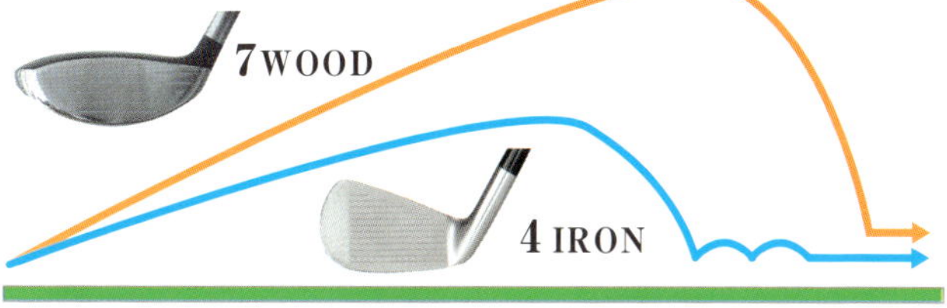

7番ウッドと4番アイアンはトータルの飛距離はほぼ同じだが、ボールの軌道は7番ウッドのほうが高くなる。アゲンスト（向かい風）の場合など、4番アイアンのほうが有利なケースもあるが、初心者にはボールが上がりやすい7番ウッドのほうが扱いやすい。

下表は、あるメーカーの番手による飛距離の目安を表したものだが、これを見るとフェアウエーウッドの7番とアイアンの4番とでは、目安とされる飛距離は180～190ヤードとほぼ変わらないのが分かる。それではこの2本では何が異なるのか？　答えはボールの高さである。フェアウエーウッドは重心が深いためにボールが上がりやすく、キャリー（ボールの滞空距離）が大きく、ランが少ない。これに対してアイアンはヘッドが薄く、重心が浅いためにボールが上がりにくく、キャリーは少なくなるがランが出る。つまり、トータルの飛距離は同じでもボールの弾道は大きく異なるのである。

番手別飛距離の目安

※ヘッドスピード40m/s前後の場合。

使用クラブ ＼ 平均飛距離（ヤード）	160Y	170Y	180Y	190Y	200Y	210Y	220Y	230Y
フェアウエーウッド		9W	7W		5W	4W	3W	
ユーティリティー		7U		6U	5U			
アイアン		6I	5I 4I	3I				

初心者は4、7番の組み合わせがベストだ

初心者がフェアウエーウッドを選ぶ場合、どの番手を選んだらいいか迷うところだ。ある程度スイングが安定してくればスプーン（3番ウッド）など飛距離が望める番手が欲しくなるが、初心者はできる限りボールが上がりやすいクラブをチョイスするのがクラブ選びの基本となる。番手が下がるごとにロフトが増え、シャフトも少しずつ短くなるので初心者にとっては小さな番手のほうが扱いやすい。ただし、ある程度の飛距離はカバーしなくてはならないので、飛距離と操作性の2つを加味した場合、ベストは4番と7番という組み合わせになるのではなかろうか。4番ウッドは距離のあるショートホールのティショットとしても使えるうえ、スプーンよりロフトがあるのでフェアウエーからでもボールが上がりやすいのが利点。また、7番ウッドは扱いが難しい4番アイアンの代わりとして大いに役立つからである。

初心者は一般的な3、4番ウッドという組み合わせより、ロフトの大きい4番、7番の組み合わせのほうがミスが少なく、汎用性も高い。

［番手ごとのスペック］

番　手	3W	4W	5W	7W	9W
ロフト角	15°	16.5°	18°	20°	23°
ライ角	57.5°	58°	58.5°	59°	59.5°
ヘッド体積	166cm^3	156cm^3	145cm^3	135cm^3	128cm^3
クラブの長さ	43インチ	42.5インチ	42インチ	41.5インチ	41インチ
クラブの重さ	300 g	303 g	307 g	311 g	315 g

ディープフェースより シャロータイプを選ぼう

フェアウエーウッドは、同じ番手でもヘッド形状が異なるさまざまなタイプが市販されている。どれを選ぶかは価格や好みによるところも大きいが、初心者はドライバーと同じようにフェースが厚いディープフェースタイプより、薄いシャロータイプのものを選びたい。理由はやはりボールが上がりやすいこと。重心が高いディープフェースより、シャロータイプのほうが高弾道でキャリーが出る。ボールが楽に上がってくれるので、すくい打ちなど悪い癖がつきにくいのも利点の1つだ。

ヘッドが厚いディープフェースタイプ（左）より、フェースの薄いシャロータイプのほうがボールは上がりやすい。ただし、フェースが薄いぶんラフなどでは「ダルマ落とし」にならないよう注意する必要がある。

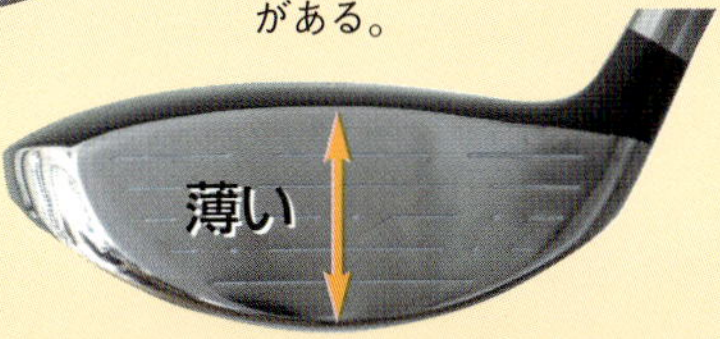

LESSON 2　DVD 4

セットアップのポイント

グリップは2〜3cm短く握ろう

直接芝の上にあるボールをショットするフェアウエーウッドでは、スイング軌道の上下のズレが大きな致命傷となる。ティアップされたボールを打つドライバーショットでは、スイートスポットを上下に数mm外して打っても決定的なミスにはならない（もちろん飛距離は落ちる）が、フェアウエーウッドではわずかなズレがダフリやトップといった大きなミスに直結してしまう。したがって、アドレスではまずミート率を高めるような構えを作っておく必要がある。ポイントはグリップとスタンス。ドライバーより2〜3cmクラブを短く握り、スタンスも半足分程度狭めにする。クラブを短く持つことによってヘッドが描く円弧をやや小さくし、スタンスを狭めてスイング自体をコンパクトにするのだ。

POINT 1
ドライバーより
2〜3cm前後
クラブを短く握る

サイドブローがスイングの基本だ

　ドライバーのスイング軌道はアッパーブローが基本と述べたが、地面にあるボールを打つフェアウエーウッドでは、ボールを真横から直接ヒットするような「サイドブロー」がスイングの基本となる。ティアップしたボールをロフトが少ないドライバーで打つ場合、下から上への軌道でボールをヒットして打ち出し角度を上げ、キャリーを伸ばすことによって飛距離を確保していた。しかし、地面にあるボールを打つフェアウエーウッドでは、当然のことながらアッパーブローでは手前を大きくダフってしまう。これを防ぐためには、スイング軌道の最下点でインパクトを迎えるようなスイング軌道が要求される。といっても、スイングを大きく変えるというわけではなく、ポイントはアドレスでのボールポジションをボール1個分右足寄りにセットするだけ。ヒットポイントをドライバーよりやや右足寄りにして、スイング軌道の最下点に合わせてやればいいのだ。

POINT 2
ドライバーより
ボール1個分
右足寄りにセット
POINT 1
ウエート配分は
左右均等
5
5

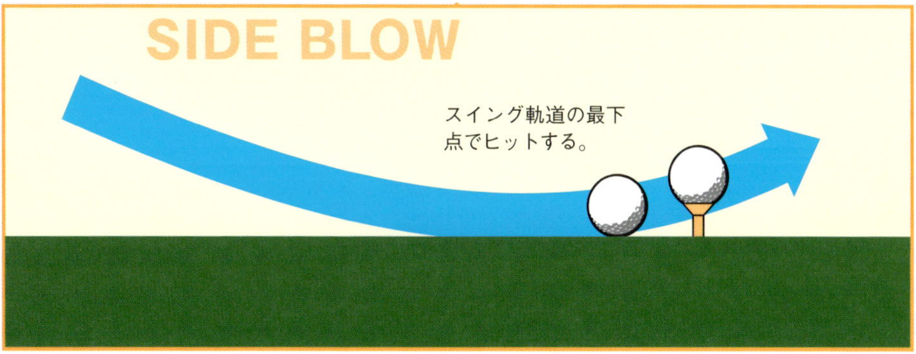
SIDE BLOW
スイング軌道の最下
点でヒットする。

LESSON 3　DVD 4

スイングのコツとポイント

ボールのライはしっかり確認しよう

フェアウエーウッドでのショットで、第一に注意しなければならないのはボールのライ（ボール周辺の地面の状態）だ。かりにフェアウエーにボールがあったとしても、ボールの前後に凹凸があったりディボット跡（ショットによって芝が削り取られ、土が露出した部分）に入っているようなら、まず使用不可。グリーンまでまだ距離があり、少しでもボールを遠くに飛ばしたいという状況であっても、ライが悪ければアイアンで刻んでいくしかない。フェアウエーウッドの場合、打ち方そのものよりむしろこの状況判断が成否を分けるカギとなりやすいので、ショットの前にしっかりとボールのライを確認する習慣を身につけておきたい。

SRIXON
POINT
ショットの前に
ボールのライを
しっかり確認する

状況判断のよしあしがショットの成否を左右する。

OK

フェアウエーウッドはフェアウエーからの使用が基本だが、以下のようなライでもボールの前後が平らであれば使用は可能だ。

フェアウエー

セミラフ

順目のラフに浮いている

NG

フェアウエーウッドはソールが広いため、ライが悪い場所ではダフリが出やすい。以下のようなケースでは使用禁止と考えよう。

ラフに沈んでいる

フェアウエーバンカー

ディボット跡に入っている

芝面にソールを滑らせるイメージでショットしよう

スイング軌道の最下点でボールをヒットするためには、インパクトエリアでクラブヘッドが描く円弧をできるだけ直線に近くし、ボールだけをクリーンに払い打つようなショットが要求される。

ちょっと難しそうに思えるかもしれないが、アイアンに比べてフェアウエーウッドはソールが広いため、極端に上から打ち込みさえしなければ、多少ダフリめに入っても広いソールが芝面を滑り、ヘッドが芝に引っかかることなくスムーズに振り抜けるはず。

ボールにヘッドを当てるのではなく、インパクトをゾーンでイメージしてフォロースルーを低く長くとるつもりでショットしよう。

SRIXON
SRIXON
SRIXON
POINT 1
左腕でクラブを引き下ろす
POINT 2
直線的な軌道をイメージする
POINT 3
ボールを掃き出すつもりでヒットする
POINT 4
フォロースルーを低く長くとる

ダウンスイングからフォロースルーにかけて、右肩を下げずにアドレスの高さをキープして平らに回す。右肩をトップの位置に止めておくイメージを持ち、体の左サイドのリードで振り抜けばダフリ、トップは防げる。

NG ダウンブロースイング

逆にアイアンショットのように、上から打ち込むようなダウンブローの軌道でスイングすると、フォロースルーでヘッドが抜けずにダフったり、ヘッドの上部にボールが当たって、テンプラなどのミスが出やすくなる。

NG アッパーブロースイング

ボールをすくい上げようとするとスイング軌道がアッパーブローになり、右肩が下がってダフリ、トップの要因となる。

スリークォーター スイングを心がけよう

フェアウエーウッドはある程度飛距離を要求されるクラブではあるが、目一杯大きなスイングでボールを遠くに飛ばすというものではない。

ドライバーに次いでシャフトが長く、ヘッドも大きいクラブなので、大きく振り回さなくても150ヤード以上の飛距離は簡単に出る。初心者はフェアウエーウッドを持つととかく飛距離を欲張って大振りしがちだが、むしろ小さなトップからコンパクトに振り抜いたほうがヘッドスピードは上がるもの。ミスショットを防ぐ意味でもスリークォーターショットを心がけよう。

POINT 1
トップは
スリークォーター
POINT 3
フィニッシュも
コンパクトに納める
SRIXON
SRIXON
POINT 2
右肩の上から
左肩の上までの
小さな軌道を
イメージする

距離を落としても確実にハザードを回避できるルートをねらう。

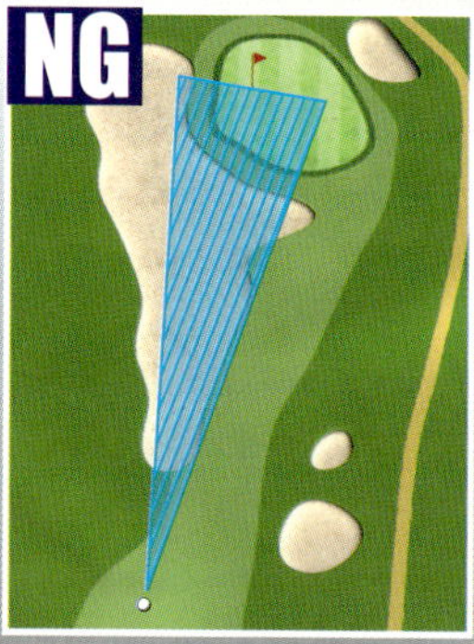

フルショットでやっと届く距離や、ハザード越えになるようなルートはプレッシャーがかかり、大きなトラブルを引き起こしやすい。

フェアウエーウッドは大振りは禁物。初心者の場合、グリーンがねらえる距離であってもハザード越えのルートは極力避けること。次打でピンがねらいやすい位置にボールを運ぶことを優先しよう。

セミラフからは グリップをしっかり握ろう

95ページで述べたように、セミラフや順目のラフにボールが浮いている状況ならフェアウエーウッドの使用は可能だ。広いソールが芝面を滑るので、むしろアイアンよりヘッドに芝がからみにくい。ただし、このような状況からのショットで注意しておきたいのはグリップ。通常のショットでもフェアウエーウッドはショートグリップが基本だが、ラフからはボールの高さに合わせてさらに数cmグリップを短く持つ必要がある。また、フェアウエーから打つ場合に比べれば、やはり芝の抵抗がかかるので、左手の小指と薬指、中指の3本でしっかりとクラブを握っておくことが大切だ。

POINT 1
左手の小指と薬指、中指の3本をしっかり握る
SRIXON

POINT 2
ボールの高さに合わせてクラブを短く持つ

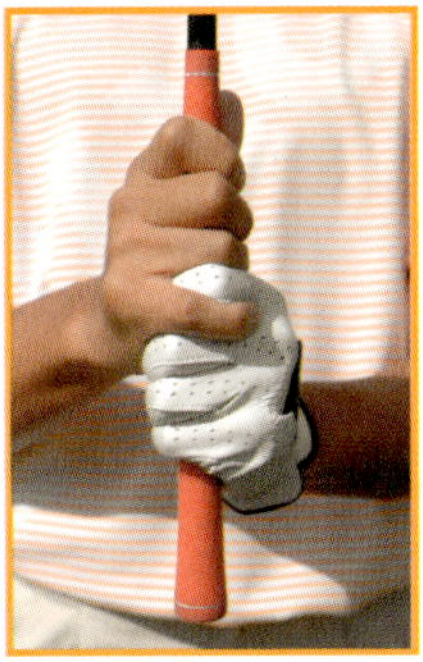

アドレスではボールの高さに合わせ、ヘッドを浮かせて構える。ヘッドを芝に押しつけてしまうとボールが動いたり（1打のペナルティ）、インパクトでヘッドがボールの下をくぐる「ダルマ落とし」になりやすいので要注意。

POINT 1
芝面に沿った
直線的な軌道で
スイングする
POINT 2
ボールの
高さで真横から
ヒットする

NG すくい打ち

強く打ち込もうとすると逆に芝の抵抗を受け、ヘッドが抜けにくくなる。インパクトを強くするのではなく、むしろゆったりとしたスイングから、ライナーを打つつもりでショットする。

NG
ダウン
スイングで
右肩が
下がる

NG

ボールをすくい上げようとすると、ヘッドに芝がからんでくけなくなったり、ボールの頭を打つトップボールになりやすい。

ティショットでは ティの高さに注意しよう

距離のあるショートホールやティショットの落下地点が狭いミドルホールなど、フェアウエーウッドでのティショットが必要とされるケースはよくある。フェアウエーウッドはロフトが大きいためにボールが上がりやすく、シャフトも短いので初心者にとってはドライバーよりはるかに打ちやすい。ドライバーがスライスばかりという人は、むしろ積極的にフェアウエーウッドでティショットを行ったほうがスコアはまとまるはずだ。

フェアウエーウッドでティショットする場合の注意点はティアップの高さ。ドライバーに比べてヘッドが薄いフェアウエーウッドでは、ティアップをかなり低めにしておく必要がある。高さの目安としては、ソールしたときにヘッドの上部からボールが3分の1ぐらい顔を出す程度。割合としてはドライバーと同じだが、ヘッドの厚みが違うのでかなり低く感じられるかもしれない。最近のフェアウエーウッドはボールが上がりやすいシャロータイプ（➡ P91）が増えているため、高すぎるティアップはラフ同様「ダルマ落とし」の原因になりやすいので十分注意しよう。

POINT
フェースの高さに
合わせて
ティアップする

OK フェース上部からボールが3分の1顔を出す

ソールしたときにヘッドの上部からボールが3分の1ぐらい出る高さがティアップの目安。フェアウエーから打つ場合より、ティアップされているぶん、ややアッパーブロー気味にヒットすることになるが、スイングそのものは変える必要はなく、あくまでも真横からボールをヒットするつもりでいい。

POINT 1
ボールが3分の1
ぐらい顔を出す
SRIXON
POINT 2
スイングは
フェアウエーと同様に

NG 高すぎるティアップ

ドライバーと同じようにティアップを高くしてしまうと、インパクトでヘッドの上部にボールが当たってテンプラになったり、悪くするとボールの下をヘッドがくぐってしまう「ダルマ落とし」になりやすい。

FUSION
SRIXON
NG
ボールが半分以上
顔を出す
SRIXON

DVD 4

フェアウエーウッドはこう打とう

WOOD SHOT

1
2
3
ボールは左かか
と延長線上より
ボール1個分内
側にセット。
リストを使わ
ずにテークバ
ック。

7
8
9
左サイドのリ
ードでダウン
スイング。
ボールを真横か
らヒットする。
フォロースル
ーを低く長く
とる。

フェアウエーウッドのスイングは、ボールを真横からヒットする「サイドブロー」が基本。芝面に沿ってヘッドを低く長く走らせ、ボールを払うようにショットする。とかく初心者は飛距離を欲張って大振りしがちだが、むしろコンパクトなスイングで軽く振り抜いたほうがヘッドスピードが上がり、結果的に飛距離は伸びる。初心者にとっては武器となるクラブだけに、しっかりとマスターしておきたい。

4
5
6
トップはドライバーよりやや小さめに。
徐々に手首を折っていく。
10
11
12
フィニッシュが崩れないようなリズムでショットする。

GOLF COLUMN 4

ディンプルの役割とは？

ゴルフボールの表面には「ディンプル」と呼ばれる数多くの凹凸がつけられている。軟式野球のボールにも同じような凹凸があるが、このディンプルには空気抵抗を減らすと同時に、揚力（ボールを上げる力）を増大させる働きがある。ディンプルのあるボールとツルツルのボールとを比べた場合、ディンプルのあるボールのほうが空気抵抗が5分の3以下に、そして揚力は2〜5倍も大きくなることが科学的に実証されており、ディンプルの進化が飛距離を大幅にアップさせたといっていい。

ゴルフボールはゴルフ創世記の1450年代に生まれた「フェザーボール」が第1号といわれる。牛や馬などのなめし革で作ったカバーの中に、ガチョウの羽をギュウギュウに詰め込んで作られたボールだったが、消耗が激しいことから1840年代に入り、天然樹脂を素材とした「ガタパチャボール」の登場でその幕を閉じることとなった。このガタパチャボールも誕生当初はフェザーボール同様、表面はツルツルであった。しかし、プレーしていくにつれ、新品のボールより表面が傷ついたボールのほうが飛ぶということが分かり、その後、はじめから表面に刻みを入れたボールが作られるようになった。これがディンプルのはじまりである。

もし、ゴルフボールにディンプルがなければ100ヤードも飛ばないことを考えると、この小さな凹凸がいかに大きくゴルフを変えたかが分かるだろう。

空中を飛んでいるボールには、ボールを後方に引き戻そうとする空気の渦（空地抵抗）が発生する。ゴルフボールのディンプルには、この力を弱めるとともに、揚力（ボールを上方に持ち上げる力）を高める働きがある。

5
CHAPTER

アイアンショットの打ち方

LESSON 1 DVD 5

アイアンとはどんなクラブか

目的の場所へボールを運ぶクラブだ

ボールを遠くへ飛ばすことが目的のウッドクラブと異なり、目標地点にボールを運ぶためのクラブがアイアンだ。アイアンにはロフトが少ない順に1〜9番までの番号が付けられており、打ちたい距離によってこの番手を使い分けることになる。通常、1〜4番をロングアイアン、5〜7をミドルアイアン、8〜9番をショートアイアンと呼ぶ。このうち1〜2番アイアンはプロなどパワーのある上級者向けのクラブであり、アマチュア向けとしては3〜9番の7本セットが一般的だ。

アイアンのヘッドには大きく分けて小さくて薄いコンベンショナルタイプと、比較的大型でバックフェース（ヘッドの背面）がえぐれたキャビティタイプの2つがあるが、初心者の場合は低重心でボールが上がりやすいキャビティタイプのモデルが適している。また、同じキャビティでもヘッドが小さいものより大きいタイプのほうが、スイートスポットが広いぶんミスの確率は低くなる。

キャビティタイプ

コンベンショナルタイプ

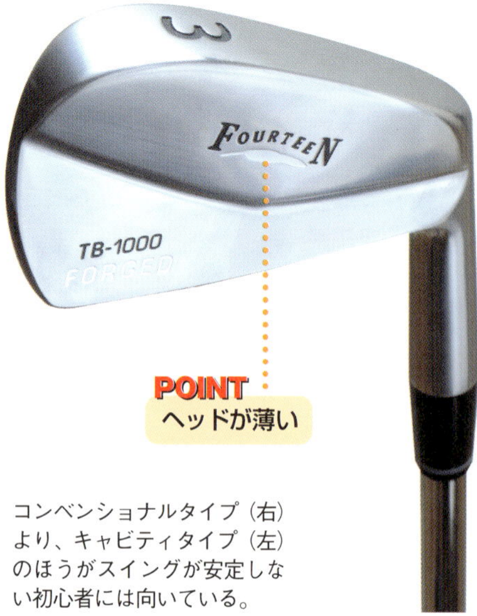

コンベンショナルタイプ（右）より、キャビティタイプ（左）のほうがスイングが安定しない初心者には向いている。

アイアン選びの注意点

●自分に合ったライ角を選ぶ

アドレスをとってクラブを地面に着けたときに、クラブヘッドとシャフトとの間にできる角度をライ角というが、このライ角は正しいスイング軌道を作るという点で重要なポイントとなる。ライ角は身長や腕の長さによって異なるが、アイアンの場合アドレスしたときにソールの中心がピッタリと地面に接地し、トウ側がわずかに浮くようなものがその人に合ったライ角となる。トウ側が大きく上がってしまったり、逆にヒール側が浮き上がってしまうようならライ角が合っていないクラブ。こんなクラブを選んでしまうとスイングそのものがおかしくなったり、ミスショットの原因となりやすい。

OK アドレスでソールがほぼ接地し、トウ側が3～4mm浮くのが正しいライ角。

NG トウ側が大きく上がってしまうようなら、ライ角が大きすぎるクラブとなる。

NG ヒール側が上がってしまうようなら、ライ角が小さすぎるクラブとなる。

●シャフトはスチールよりカーボン

クラブのシャフトは大別するとスチール製とカーボン製の2タイプがある。性能面で考えるとどちらにも一長一短があるが、こと初心者に限っていえばカーボンシャフトが有利かもしれない。最大の利点は重量が軽いこと。アイアンに限らず重めのクラブを使うと、インパクトエリアでリストが早くほどけてダフリやトップの原因になりやすい。また、そう頻繁にクラブを買い換えられないアマチュアにとって、サビの生じないカーボンシャフトはメンテナンスの上でもやはり有利だ。

スチールシャフト

カーボンシャフト

●初心者は低重心タイプがベスト

初心者がアイアンを選ぶ場合、最初にチェックしたいのはヘッドの形状だ。初心者用として販売されているクラブはキャビティタイプがほとんどだが、同じキャビティでも機種によってかなりのバラツキがある。チェックポイントはソールの幅。ソールが薄いモデルよりやや厚めのモデルのほうが重心の位置が低くなるので、楽にボールが上がるからだ。

初心者には ユーティリティーが断然有利

ボールが上がりやすいユーティリティーアイアンはアマチュアの強い味方。特に初心者は、ロングアイアンの代わりユーティリティーアイアンを使ったほうがスコアメイクには大いに役立つ。

プロでもそうだが、アマチュアにとって最も難しいクラブは何といってもロングアイアンだ。アマチュア向けのセットに入っている番手としては3番、4番アイアンがこれにあたるのだが、この2つを打ちこなすようになるには、相当量の練習とそれなりのヘッドスピードが要求される。ロングアイアンの難しさはヘッドが小さくて薄く、ロフトが少ないそのヘッド構造にある。ロフトが少ないだけでなく、ヘッドが薄いために重心深度が浅くなるのでボールが上がりにくいのだ。また、ショートアイアンに比べてシャフトも長いので、ミート率もかなり悪くなる。目安としてヘッドスピードが42m/s以下の人は、まず使いこなせないと考えていい。

そこで、このロングアイアンの飛距離（平均的な初心者の場合、160～190ヤード前後）をカバーする目的で近年登場したのがユーティリティーアイアンである。ヘッド後方にふくらみがあってソールが広く、ウッドとアイアンの中間のような形状をしている。ロフトやシャフトの長さはロングアイアンとそう変わらないものの、このヘッドの構造によって格段にボールが上がりやすいクラブとなっている。最近ではプロでも1、2番アイアンの代わりにユーティリティーアイアンを入れる人が増えており、今後はクラブの定番となるに違いない。

クラブによる重心の違い

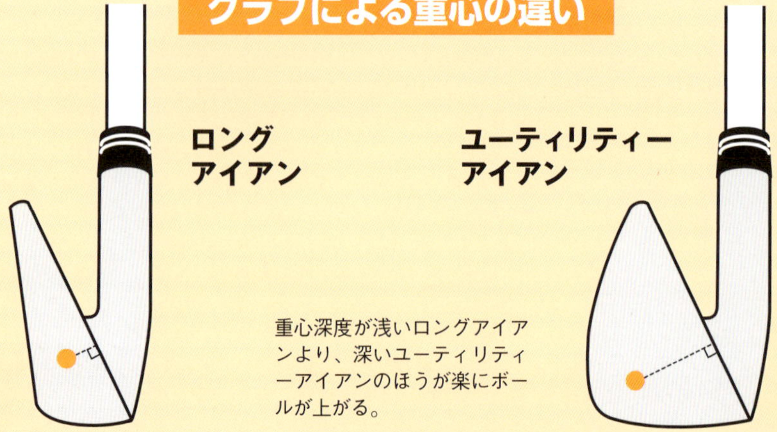

重心深度が浅いロングアイアンより、深いユーティリティーアイアンのほうが楽にボールが上がる。

初心者向けのセッティングを知ろう

ゴルフ競技では、プレー中に使用できるクラブは14本以内と決められおり、これ以上のクラブを持ってラウンドした場合はペナルティの対象となる。ただし、その内訳は特に決められていないので、ドライバーを3本入れようがパターを数本入れようが組み合わせは自由。プロなど上級者の場合、ウッドの1、3、4番とアイアンの2〜9番、それにピッチングウェッジとアプローチウェッジ、サンドウェッジ、パターを加えた14本というのが一般的なクラブセッティングだ。しかし、初心者の場合は必ずしも14本すべてをそろえる必要はなく、自分が使いこなせるだけのクラブがあれば十分。いくら数だけそろえても宝の持ち腐れになったのでは何の意味もない。

それでは初心者にはどのようなセッティングが向くのか？　一般的に初心者向けとして市販されているハーフセット（ウッドの1、3番とアイアンの5、7、9番、それにピッチングウェッジとサンドウェッジ、パターを加えた8本組が多い）でも十分ラウンドは可能だが、少し慣れてくるとハーフセットでは番手間の距離に差が出すぎる（アイアンは1番手違うごとに10ヤード前後差が出るように設計されている）ため、距離の打ち分けが難しくなりがちだ。そこで、本書としてはウッドの1、4、7番＋ユーティリティーの7番＋アイアンの5〜9番＋ピッチングウェッジ＋サンドウェッジ＋パターの12本というセッティングをお勧めしたい。

写真は一般的なセッティングだが、初心者はこれにとらわれず必要な番手だけをそろえればいい。

セットアップのポイント

ドライバーのアドレス

アイアン(5番)のアドレス

POINT 1
ほぼ真上から
ボールを見る
POINT 2
グリップポジションは
ドライバーと同じ
POINT 3
ドライバーよりスタンス
幅を1足分程度狭く
POINT 4
ウエート配分は
ドライバーと同じ
POINT 5
ボールポジションは
番手が下がるに
つれて少しずつ
右足寄りになる
5
5
5
5

セットアップのよしあしがショットを左右する

アイアンショットはドライバーのように飛距離求めるショットではなく、目標地点にボールを運ぶことを目的としたショットだ。何よりも重要なのは方向性であり、飛距離は二の次。この意味において重要なポイントとなるのがアドレスだ。スタンスを狭くすることでスイング全体をコンパクトにし、より方向性を高めるのがアイアンのアドレスの基本。ドライバーとの違いをしっかりと覚えておこう。

POINT 6
ドライバーより前傾角度はやや深くなる
OK
NG
POINT 7
スタンスはスクエアが基本
スタンスの向き
飛球線

軸を傾けずに真すっぐ構える。

ボールを上げようと意識すると軸が傾き、右足にウエートが多くかかってダフリやすくなる。

安全確実なルートをねらおう

アイアンで第一に注意しなければならないのは、ショットそのものよりもそのねらい方にある。特にグリーンがねらえる位置からのショットでは、ついついピン方向にアドレスをとってしまいがちだが、万一飛球線上に池やバンカーなどのハザードがあった場合、ちょっとしたミスが大きなトラブルに発展しかねない。初心者の目標はあくまでもボギーにあるので、たとえミスショットしても次打で確実にグリーンがねらえる地点にボールを運べるようなルートをチョイスすることが大切だ。

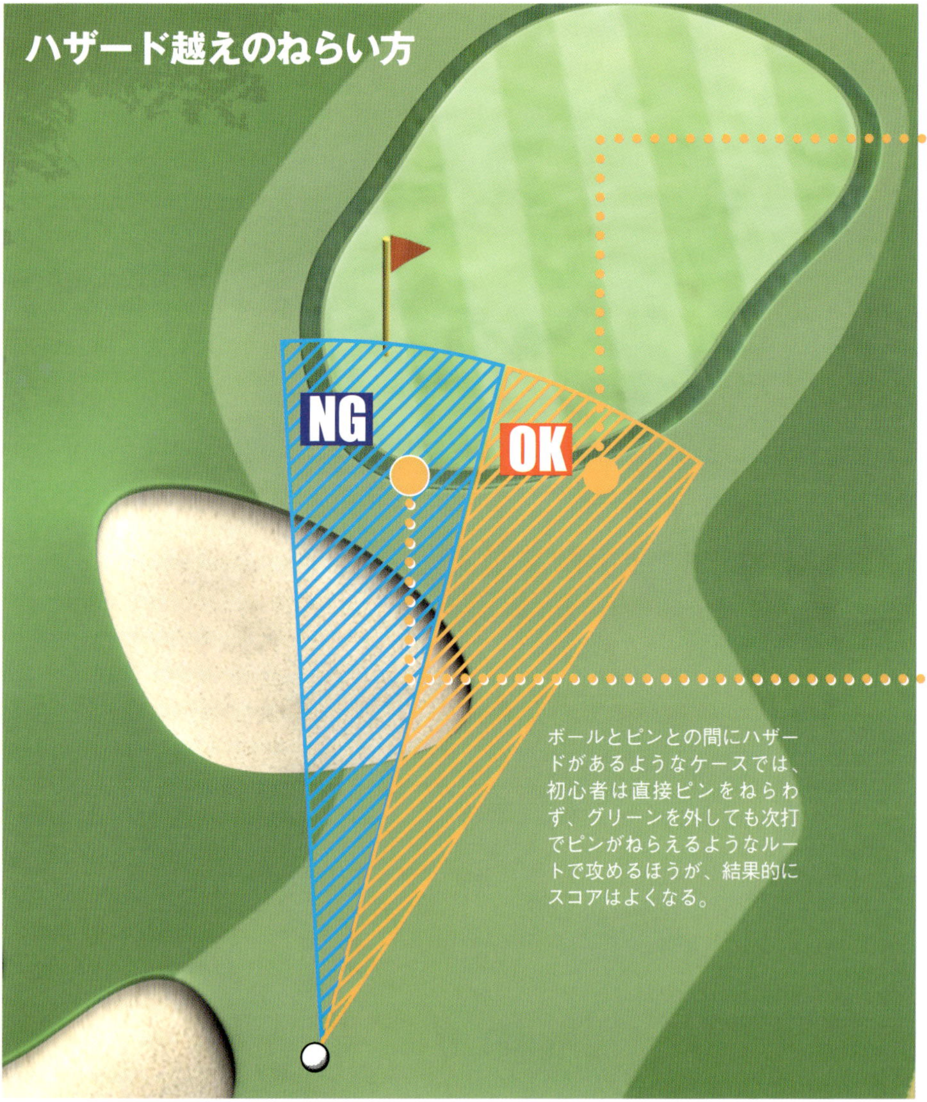
ハザード越えのねらい方
NG
OK
ボールとピンとの間にハザードがあるようなケースでは、初心者は直接ピンをねらわず、グリーンを外しても次打でピンがねらえるようなルートで攻めるほうが、結果的にスコアはよくなる。

ピンを直接ねらわず、ハザードを避けたルートでアドレスをとる。このルートならかりにミスしても大きなトラブルにはならず、次打で容易にグリーンオンが可能だ。

ハザード越えのショットはプレッシャーがかかるだけでなく、グリーンの狭いエリアをねらうことになるため、うまく打ててもグリーンを外しやすくなる。

LESSON 3

DVD 5

スイングのポイント

ユーティリティーはフォローを低く出そう

ユーティリティーアイアンはその形状からも分かるように、フェアウエーウッドとアイアンの中間にあるようなクラブだ。初心者としてはアイアンの3、4番をカバーするクラブであり、平均170ヤード（7番の場合）前後の距離を打つ場合に使用される。スイングのポイントはインパクトゾーンを長くとること。もともとボールが上がりやすい構造になっているので、打ち込んだり大振りしなくても楽にボールは上がってくれる。フェアウエーウッド同様、横からボールを払うようにダウンスイングし、フォロースルーを低く出していくイメージでショットしよう。

POINT 1
グリップは1インチ程度短く持つ
POINT 3
ウエート配分は左右均等
POINT 4
ボールポジションは左かかとよりボール1個半程度内側に
5
5
POINT 2
スタンス幅は半足分程度狭く

POINT 1
トップは
スリークォーター
POINT 2
インパクトゾーンを
長くとる
POINT 3
フィニッシュも
小さく

ユーティリティーは大振りは厳禁。トップ、フィニッシュともコンパクトに納めること。

クラブのソールを芝面に滑らせるイメージで低い位置からヘッドを入れ、フォロースルーも低く長く出していく。

「ダウンブロー」は結果と考えよう

ドライバーのスイング軌道はアッパーブローと述べたが、ミドルアイアン以下のアイアンショットは、クラブヘッドがスイング軌道の最下点に達する前にボールをヒットする「ダウンブロー」がスイングの基本となる。ただし、これは意識してスイングを変えるということではなく、アドレスの違いによって結果的にそうなるものと考えたほうがいい。ただ、初心者はどうしてもボールをすくい打ちする傾向があるため、「アイアンは上から打つもの」という意識だけは持っておこう。

ドライバーはスタンスが広くボールも左足かかとの延長線上にあるため、重心（頭）の位置がボールより遠くなる。これに対して、ミドルアイアンはスタンスが狭く、ボールも内側に入ってくるのでボール寄りに重心が移動する。また、シャフトも短くなるのでボールと体との間隔も近くなる。このアドレスの違いがスイング軌道の違いとなって現れる。スイングを意識的に変えなくてもダウンブローのスイングはできる。

P112のアドレスができれば、スイングを意識的に変えなくてもダウンブローのスイングはできる。

ミドルアイアンは スイング軸を意識しよう

5番アイアン以下のミドルアイアンともなると、かなりロフトがついてくるため初心者でもボールは上がりやすくなる。

スイングのポイントになるのは軸を保つこと。ドライバーに比べてよりターゲットが狭まるミドルアイアンでは、ちょっとした軸のブレが大きなミスを生みやすい。アドレスではアゴを真っすぐ正面に向け、極力下半身の動きを抑えてショットするのがコツだ。

POINT 2
アゴを
真っすぐに

OK
アゴを真っすぐにしておけば軸をキープしやすい。

NG
アゴが傾くと軸も傾く。

POINT 1
スイング軸を
意識する
POINT 3
スタンス幅は
ドライバーより
1足分狭く
POINT 4
ウエートは
左右均等
5
5

OK 下半身の動きを抑える

軸を意識し、できるだけ下半身を使わずに体の正面でボールをヒットする。

NG ボールを上げにいく

右足の蹴りが早い

下半身を使いすぎると体が早く開き、右肩が下がってダフリやスライスを誘発しやすくなる。

ショートアイアンは方向性を最優先しよう

8番、9番といったショートアイアンはロフトも大きく、シャフトも短いため、初心者でも比較的簡単に打てるクラブだ。主にグリーンをねらうショットで使われ、飛距離よりも方向性が最優先される。スイングはあくまでもスリークォーター（通常の4分の3程度のスイング）が基本。大振りを控えてコンパクトなスイングを心がければ、大きなミスは出ない。飛距離を欲張ると、引っかけやフックが出やすいクラブなので注意が必要だ。

12
11
1
10
2
9
3
8
4
7
SRIXON
POINT 1
2時のトップを心がける
POINT 2
スタンス幅はドライバーよりも1足半程度狭く
POINT 3
ボールポジションはスタンスのセンター
NG
OK

いくら飛距離が出ても方向性が悪くては意味がない。飛距離は落ちても左右への誤差が少ないほうがリスクは少なく、スコアメイクの点でも有利だ。

OK 左サイドのリードで打つ

体の左サイドのリードでダウンスイングすれば、ヘッドは飛球線の内側から振り下ろされ、インパクトではフェースがスクエアな状態でボールをヒットする。

POINT 2
体の左サイドのリードで振り下ろす

NG 右手で打ちにいく

飛距離を欲張ってダウンスイングで右肩が前に出ると飛球線の外側からヘッドが入り、インパクトでフェースが閉じた状態でボールをヒットするため、引っかけやフックが出やすくなる。

NG
飛ばそうとして右手で打つ

LESSON 4
こんなケースはこう打とう

ラフからはゆっくり大きくスイングしよう

初心者の場合、ラフからのショットは芝の抵抗でヘッドスピードが落ち、フェアウエーから打つより飛距離が落ちることが多い。プロなど上級者にとっては、弾道が低くなるぶんボールが飛びすぎてしまう「フライヤー現象」が起きるため、通常より1、2番手小さいクラブを選択する必要があるが、初心者はまずその心配はいらない。ひと口にラフといってもボールの状態によってショットの難易度は大きく異なり、使用できるクラブも限られてくる。芝の抵抗は思いのほか強いので、ボールのライをよく確認し、脱出を最優先に考えてクラブ選択することが大切だ。

スイングのポイントは左グリップをしっかり握り、リーディングエッジでボールの手前の芝を刈り取るようなイメージでショットすること。芝に負けまいとして上から打ち込んでしまうと、ヘッドのネック寄りの部分に芝がからんで、ヘッドが抜けにくくなるので要注意。力任せではなく、ゆったりとしたスイングで最後まで振りぬくことが成功の秘訣だ。

ライ別の使用クラブ

● 順目に浮いている場合

5I
順目のラフにボールが浮いているか、または半分以上出ていれば5番アイアンの使用も可。

● 順目にやや沈んでいる場合

7I
順目でもボールが半分以上沈んでいたら、7番アイアン以下のクラブを選択。

● 逆目のラフ

9I
ボールが見えていても、逆目の場合は9番アイアン以下のクラブを選択。

● ボールが完全に沈んでいる場合

SW
ボールが完全に沈んでいる場合は、距離に関わらずサンドウェッジで脱出を優先。

POINT 1
トップは
スリークォーター
POINT 2
ショートグリップで
左手の小指と薬指、
中指の３本を
しっかり握る
POINT 3
横から払うように
振り抜く
POINT 4
ボールは
スタンスの
センター

OK

ボールの手前の芝をリーディングエッジで刈り取るようなイメージで、スイングのスピードを上げずに横から払うようにショットする。

NG

上から鋭角的に打ち込んだり、強くインパクトしようとするとヘッドに芝がからみ、フェースの向きが変わったり、ヘッドが抜けにくくなる。

左足上がりの斜面では右ウエートでスイングしよう

アドレスしたときに、右足より左足が高くなるような斜面からのショットは、インパクトからフォローでフェースが返りやすいために、フックボールが出やすくなる。したがって、このような斜面からのショットでは、あらかじめ実際より目標を右めにとるのがアドレスのポイントとなる。

また、同じ番手でもフラットなライよりロフトが大きくなるので、斜度に合わせて1、2番手大きなクラブを選ぶことも覚えておきたい。

左足上がりのライでは、アドレスで必然的に右足に多くウエートがかかるが、このウエート配分を変えずに振り抜くのがスイングのコツ。体のバランスを崩さないように注意して、コンパクトにスイングしよう。

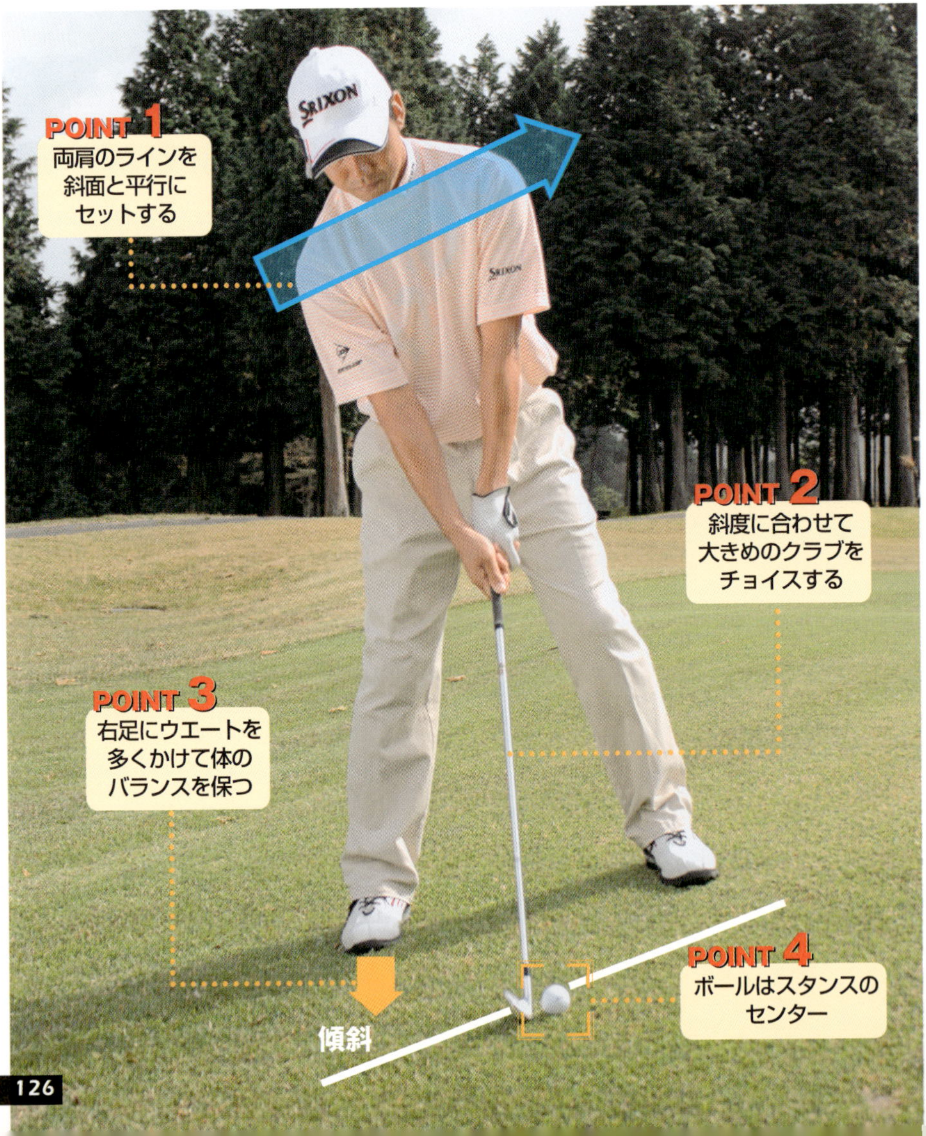
SRIXON
POINT 1
両肩のラインを斜面と平行にセットする
POINT 2
斜度に合わせて大きめのクラブをチョイスする
POINT 3
右足にウエートを多くかけて体のバランスを保つ
POINT 4
ボールはスタンスのセンター
傾斜

POINT 1
肩の回転で
コンパクトに
振り抜く
POINT 4
フロースルーで
リストを返さない
POINT 2
右ウエートを
キープ
POINT 3
斜面に沿って
スイングする
傾斜

OK

斜面に沿って振り抜く。フラットなライよりロフトが大きくなるのでボールは上がりやすいが、そのぶん飛距離は落ちる。

NG

ダウンスイングで左にウエートが移ると上から鋭角的にヘッドが入り、ヘッドが斜面に刺さってフォロースルーがとれなくなる。

左足下がりの斜面ではフォローを低く出そう

前ページとは逆に、アドレスで右足より左足が低くなるような斜面からのショットは、ボールの手前が高いためにダフリやすく、ボールも上がりにくいので、初心者には最も難しいショットといえる。まず、第一に念頭に置きたいのは、ボールを上げようという意識を捨てること。左足上がりとは逆に、同じ番手でもフェースが立ってロフトが小さくなるためボールが上がりにくいのは当然であり、意図的にボールを上げようとすると必ずといっていいほどダフリ、トップなどのミスにつながる。はじめからライナーを打つつもりで、斜面に沿ってフォローを低くとるのが成功の秘訣だ。

なお、このライからは、スイング軌道がアウトサイドインとなるためにスライスが出やすくなるので、あらかじめ目標の左をねらってアドレスすることも覚えておきたい。

SRIXON
POINT 1
両ヒザのラインを
斜面と平行に
セットする
POINT 2
広いオープン
スタンスをとる
POINT 3
右足にウエートを
多くかけて立つ
POINT 4
ボールは
やや右足寄りに
傾斜

POINT 1
右肩をアドレスの
位置より下げない
POINT 2
斜面に沿って
フォロースルーを
低く出す
POINT 3
左ヒザの
高さを保つ
POINT 4
フィニッシュまで
左ウエートをキープ
傾斜

OK

斜面に沿ってアウトサイド・インの軌道で振り抜く。

NG

ボールを上げようとすると手前をダフリやすくなる。

つま先上がりの斜面では目とボールの間隔を保とう

アドレスしたときにボールが足より高くなる、つま先上がりの斜面からのショットは、インパクトでヘッドが返るためにフックボールが出やすい。したがって、この斜面からは直接目標をねらわず、あらかじめ目標の右をねらってアドレスする必要がある。傾斜がきついほど、また持つクラブが小さくなるほど（ロフトが大きいほど）フックの度合いは強くなるので、状況に合わせて打ち出す方向を決めなければならない。

フラットなライより体とボールが近くなるぶんクラブを短く持ち、大振りせずに目とボールとの間隔を変えないようにスイングするのがポイントとなる。

POINT 2
傾斜に合わせて
グリップを
短く握る。
POINT 1
スタンスは
広くとる
POINT 3
ウエートは
両足ともやや
つま先寄りにかける
POINT 4
ボールは
スタンスのセンター

POINT 1
トップは
スリークォーター
NG
真っすぐ目標をねらってしまうと、フックして左に外れやすくなる。
OK
直接目標をねらわず、フックの度合を考えてやや右を向いて構える。
POINT 2
下半身は
動かさない
POINT 3
目とボールとの
間隔を
変えないように
振り抜く

つま先下がりの斜面では重心を低く構えよう

前ページとは逆に、アドレスでボールが足より低くなる、つま先下がりの斜面からのショットは、斜面の中でも最も体のバランスがとりにくいライだ。少しでも体が上下すると、ミスショットどころか空振りさえしかねない。したがって、アドレスではスタンスを広くとって腰を落とし、重心を下げて構えること。そして、スイング中も極力下半身を固定したまま、肩の回転を主体に振り抜くが基本となる。なお、このライからのショットは、フラットなライよりスイング軌道がアップライトになるためにスライスが出やすいので、あらかじめ目標の左をねらってショットすることが大切だ。

SRIXON
POINT 1
ヒザを曲げて腰を落とし重心を低くする
POINT 4
ウエートはかかと寄りにかける
POINT 2
広いオープンスタンスをとる
POINT 3
ボールはスタンスのセンター

POINT 1
肩の回転を主体にスイングする
OK
スライスの度合いを考え、あらかじめ目標の左を向いてアドレスする。
NG
真っすぐ目標をねらってしまうと、スライスして右に外れやすくなる。
POINT 2
ヒザの角度を変えない
POINT 3
ウエートはかかとにかけたまま

DVD 5

アイアンショットはこう打とう

IRON SHOT

1
ボールを真上から見て構える。
5
5
2
ウエートは左右均等にかけて立つ。
3
左肩の回転でテークバックする。

7
8
下半身をあまり使わずにダウンスイングする。
9
体の正面でインパクトする。

飛距離より方向性を優先するアイアンショットで大振りは厳禁。写真は7番アイアンでのショットだが、ドライバーに比べてスイングがコンパクトに納まっているのが分かるはずだ。下半身を大きく動かさず、軸を傾けずにスイングすればボールの曲がりは少なくなる。ボールを運ぶイメージでショットするよう心がけよう。

4
右腰のあたりからコックを開始する。
SRIXON

5
SRIXON

6
トップでは右耳の上あたりにグリップを納める。

10
SRIXON
フォロースルーでボールを運ぶイメージを持つ。

11

12
フィニッシュで体がグラつかないよう大振りを避ける。

GOLF COLUMN 5

略式ハンデは「新ペリア」が最も公平

プロを除きゴルフ競技では、その人の技術に応じたハンディキャップをつけて勝敗を競うケースがほとんどだ。世界中どこでも通用するオフィシャルハンデを取得するにはある程度のラウンド経験が必要となるため、初心者がコンペなどに出場する場合は、略式のハンディキャップでプレーすることになる。この略式ハンデには「キャロウェー方式」や「ペリア方式」などいくつかの算出法があるが、現在最も多く採用されているのは「新ペリア方式」である。

新ペリア方式とは、18ホールの中からあらかじめプレーヤーに公表せずにパーの合計が48となる12ホール（アウトとインから6ホールずつ）を選び出し、プレー終了後その12ホールのスコアの合計を1.5倍して、そのコースのパー（通常72）を引き、さらにその数に0.8を掛けて出た数字をハンディキャップとする方法である。

たとえば、12ホールの合計が63であった場合、(63×1.5−72) ×0.8＝18となるため、その人のハンディキャップは18ということになる。

この方法は隠しホール方式とも呼ばれ、最も公平なハンディキャップ算出法といわれる。なお、コースのパーが72であれば下表を用いることで計算が省略できる。

新ペリア方式の早見表

12ホールのスコア	48	49	50	51	52	53	54	55	56	57	58	59	60	61	62	63	64	65
ハンディキャップ	0	1.2	2.4	3.6	4.8	6.0	7.2	8.4	9.6	10.8	12	13.2	14.4	15.6	16.8	18	19.2	20.4
12ホールのスコア	66	67	68	69	70	71	72	73	74	75	76	77	78	79	80	81	82	83
ハンディキャップ	21.6	22.8	24	25.2	26.4	27.6	28.8	30	31.2	32.4	33.6	34.8	36	37.2	38.4	39.6	40.8	42

6
CHAPTER

アプローチショットの打ち方

LESSON 1

DVD 6

アプローチショットとは

短い距離からピンをねらうショットだ

アプローチショットとは50～60ヤード以内の距離から直接グリーンをねらうショットをいう。通常のショットと異なり、距離をコントロールするショットなだけに、セットアップとクラブ選択がショットの良否に大きな影響を与える。パーオンが難しい初心者にとって、このアプローチショットがスコアメイクのカギを握っている。

無理にパーオンをねらわなくても、アプローチショットさえマスターすれば初心者でも十分パーはねらえる。

アプローチ用のクラブがウェッジだ

100ヤード以内の短い距離を打つためのクラブがウェッジだ。ウェッジにはピッチングウェッジやアプローチウェッジ、サンドウェッジなどさまざまなタイプがあるが、どれもロフト角が大きくボールを上げやすい構造になっている。ランニングアプローチ(➡P140)を除き、ボールを上げて寄せていくショットには必要不可欠なクラブといえる。また、この大きなロフトは単にボールを上げやすくするだけでなく、大きなバックスピンをかけることによってグリーン上でボールを止めやすくする働きも担っている。

ウエッジはボールを上げやすくする働きとともに、バックスピンをかけてボールを止める役割がある。

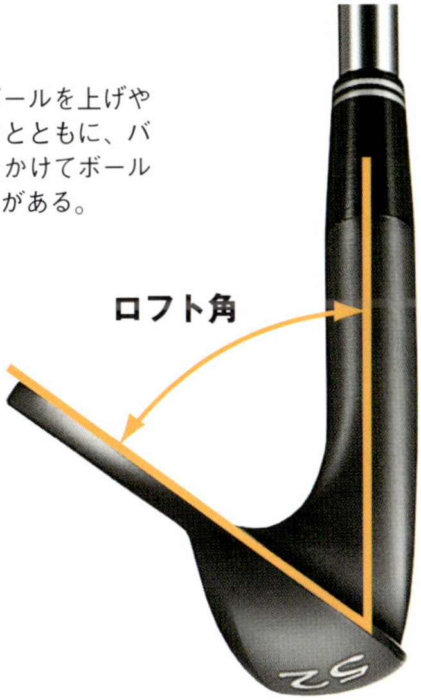

クラブフェースに刻まれるスコアライン

フェース面に掘られたスコアライン。この溝はすべてのクラブにつけられているが、ボールを止めるという点でウェッジのスコアラインは重要な意味を持つ。溝の形状によって「V字溝」「U字溝」「角溝」などさまざまなスコアラインがあるが、V溝タイプよりU字や角溝タイプのウェッジのほうが、エッジが直角になるぶんスピンがかかりやすい。

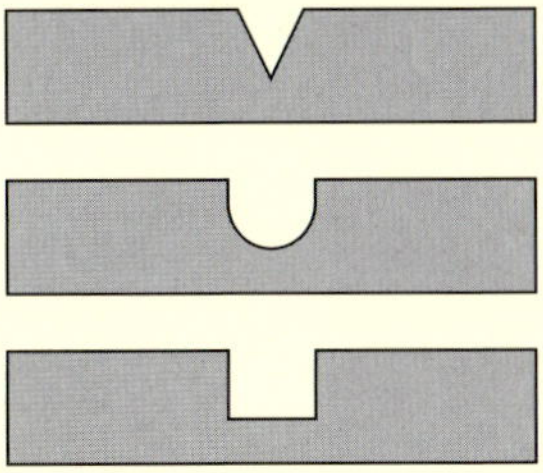

アプローチショットの種類を覚えよう

アプローチショットには、キャリー（ボールの滞空距離）とラン（ボールが地上に落下してからの転がり）の割合の違いによって、3種類の打ち方がある。1つは最初からパッティングのようにボールを転がしてピンに寄せていく「ランニング」、2つめはボールをある程度上げてピンの手前にワンクッションさせ、そこからランでピンに寄せていく「ピッチエンドラン」、そして3つめはボールを高く上げてピンそばに落とし、大きなバックスピンによってボールを止める「ピッチショット」だ。このうちピッチショットはミスが出やすいショットであるため、とりあえず初心者はランニングとピッチエンドランの2つを覚えておこう。

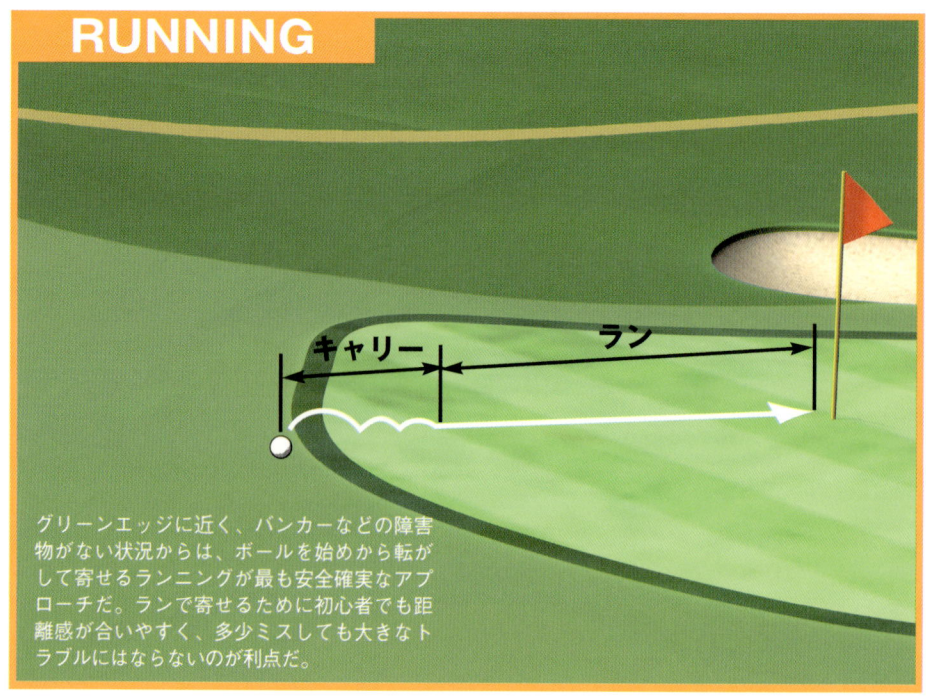

RUNNING

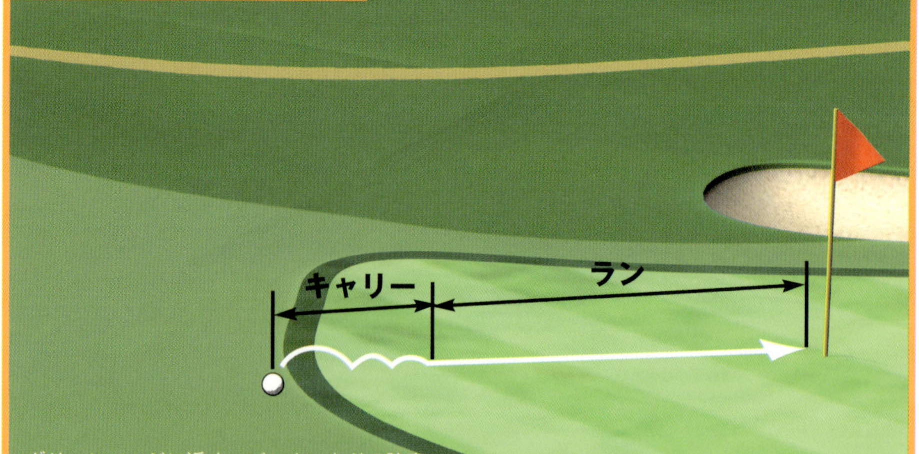

グリーンエッジに近く、バンカーなどの障害物がない状況からは、ボールを始めから転がして寄せるランニングが最も安全確実なアプローチだ。ランで寄せるために初心者でも距離感が合いやすく、多少ミスしても大きなトラブルにはならないのが利点だ。

PITCH&RUN

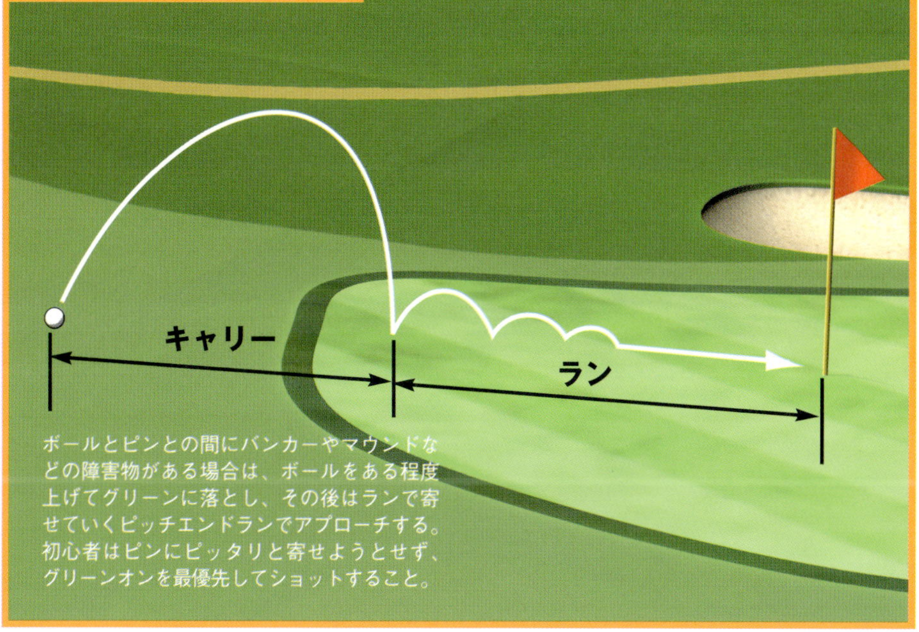

ボールとピンとの間にバンカーやマウンドなどの障害物がある場合は、ボールをある程度上げてグリーンに落とし、その後はランで寄せていくピッチエンドランでアプローチする。初心者はピンにピッタリと寄せようとせず、グリーンオンを最優先してショットすること。

PITCH SHOT

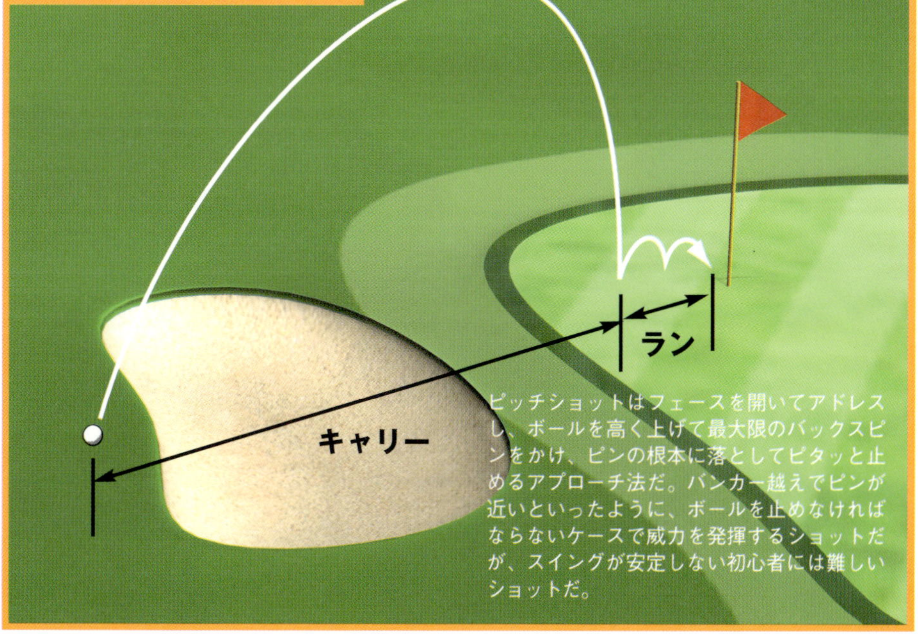

ピッチショットはフェースを開いてアドレスし、ボールを高く上げて最大限のバックスピンをかけ、ピンの根本に落としてピタッと止めるアプローチ法だ。バンカー越えでピンが近いといったように、ボールを止めなければならないケースで威力を発揮するショットだが、スイングが安定しない初心者には難しいショットだ。

LESSON 2

DVD 6

ランニングの打ち方

こんなケースからは ランニングで攻めよう

アプローチの方法として、ランニングは最も安全確実なアプローチショットだ。ボールを上げる必要がないだけに、ダフリやトップといったミスが出にくいのがこのショットの利点。打ち方は基本的にパターと同じと考えていい。下図のような場所にボールがあるケースなら、まずランニングで攻めることを第一に考えよう。

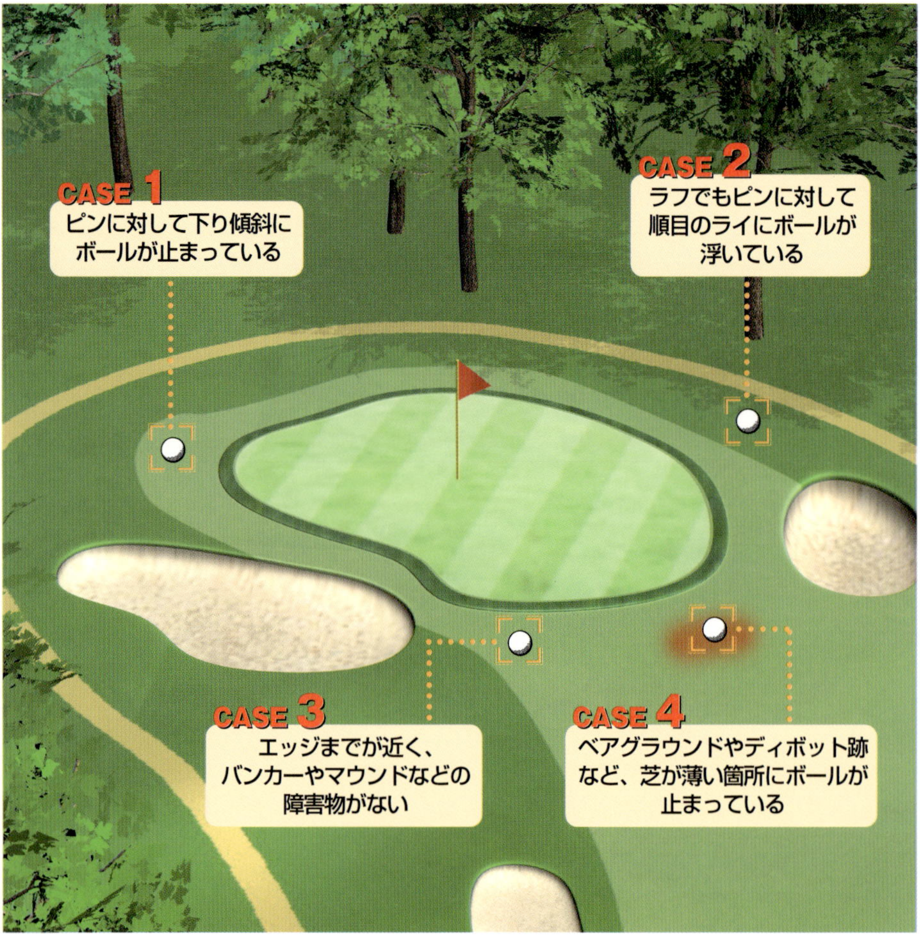
CASE 1
ピンに対して下り傾斜にボールが止まっている
CASE 2
ラフでもピンに対して順目のライにボールが浮いている
CASE 3
エッジまでが近く、バンカーやマウンドなどの障害物がない
CASE 4
ベアグラウンドやディボット跡など、芝が薄い箇所にボールが止まっている

狭いオープンスタンスがアドレスの基本だ

ランニングはほとんどキャリーを出さないショットであるため、アドレスのしかたにもやや特徴がある。

基本はスタンスを狭くして軸を固定すること。ショットというよりパットのストロークに近いので、できるだけ下半身を動きにくくするのがコツだ。ポイントを覚えて正しいアドレスをとろう。

POINT 1
グリップは4〜5cm
短く握る
POINT 2
ハンドファースト
（ボールより手が前に出る）
にセット
POINT 3
狭いオープンスタンスで
構える
POINT 4
8対2で左足
ウエートで立つ
POINT 5
ボールポジションは
右足の前
2
8
飛球線

パターの要領でボールを真横からヒットしよう

ランニングで使われるクラブは一般的に5～8番アイアンだが、ロフトやシャフトの長さを考慮すると初心者には7番アイアンが最適な番手といえる。打ち方の基本はパターのようにボールを真横からヒットすること。リストを固定し、下半身をほとんど動かさずに肩の回転でストロークする。フェースをボールに向けたままフォロースルーをとることで、ボールは低い弾道で転がっていく。クラブのソールを芝面に滑らせるイメージでストロークしよう。

POINT 1
低い位置からヘッドを入れる
POINT 2
ボールを真横からヒットする
POINT 6
左足にかけたウエートをスイング中変えない
POINT 5
スイング軌道はほぼ直線的
POINT 3
インパクト後も芝を削らない
POINT 4
フェースの向きを変えずにフォロースルーを低く出す

距離はスイングの幅でコントロールしよう

ランニングに限らずアプローチショットは他のショットと異なり、フルショットすることはまずない。ピンまでの距離に合わせてボールをコントロールするのがアプローチショットの基本だからだ。この距離の打ち分けに関してポイントとなるのはスイングの幅。スイングのスピードを変えずにバックスイングの大きさを調節し、振り幅の大小で距離を合わせていくのがコツ。初心者はどうしてもインパクトの強弱やスイングのスピードで距離を打ち分けようとしがちだが、これではスイングのリズムが一定せず、距離感が合わないばかりかミスショットの要因ともなるので注意が必要だ。

距離が短い場合

10ヤード前後と距離が短い場合は振り幅を小さくし、パターとまったく同じと考えて肩の回転だけでストロークする。

距離がある場合

ある程度距離がある場合でも強く打つのではなく、距離に見合った振り幅でストロークする。

DVD 6

ランニングショットはこう打とう

RUNNING SHOT

1
ハンドファースト。
狭いオープンスタンス。
2
8
左足ウエート。
2
フェースをボールに向けたままテークバック。
5
手首の角度を変えずにダウンスイングする。
6
ハンドファーストのままインパクトする。

ボールを転がして寄せるランニングアプローチはパターの延長線上にあるショット。下半身を固定し、肩の回転を主体にボールだけをさらうようにストロークする。セットアップさえ正しくできていれば比較的優しい打ち方なので、初心者はポイントを頭に入れたうえで、できるだけこの方法でアプローチするように心がけよう。

3
SRIXON

4
SRIXON
距離に合わせて
トップの位置を
決める。

7
SRIXON
フェースの向き
を変えないよう
にフォロースル
ーをとる。

8
SRIXON
フィニッシュま
でリストを返さ
ない。

LESSON 3　DVD 6

ピッチエンドランの打ち方

番手ごとのキャリーとランの割合をつかんでおこう

ボールを転がして寄せるランニングに対して、最初はボールを上げてグリーン上に落とし、そこからランでピンそばに寄せていくのがピッチエンドランだ。主に使用されるクラブはサンドウェッジとピッチングウェッジ、そして９番アイアンの3本。グリーンまでの距離や、手前のグリーンエッジからピンまでの距離などによって、この

スイングの大きさを一定にし、番手ごとのキャリーとランの割合を把握しておく。右図の割合はあくまでも目安なので、練習によって自分なりの割合をつかんでおくこと。

3本を使い分けることになる。
　したがって、クラブごとのキャリーとランの割合をしっかりと把握しておくのが第一のポイント。スイングの大きさを一定にして、それぞれのクラブでキャリーとランの違いをつかんでおき、状況によって使用クラブを選択するのだ。この割合は打ち方やヘッドスピードなどによって異なるので、自分なりの目安をあらかじめ知っておくことが大切だ。

キャリー3に対してラン1がサンドウェッジの目安。軌道が高くなるので、下りのグリーンやエッジからの距離が短い状況ならサンドウェッジがベター。

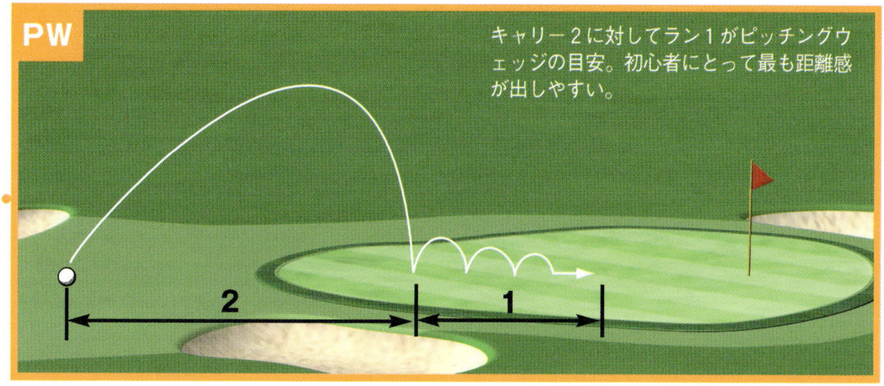

キャリー2に対してラン1がピッチングウェッジの目安。初心者にとって最も距離感が出しやすい。

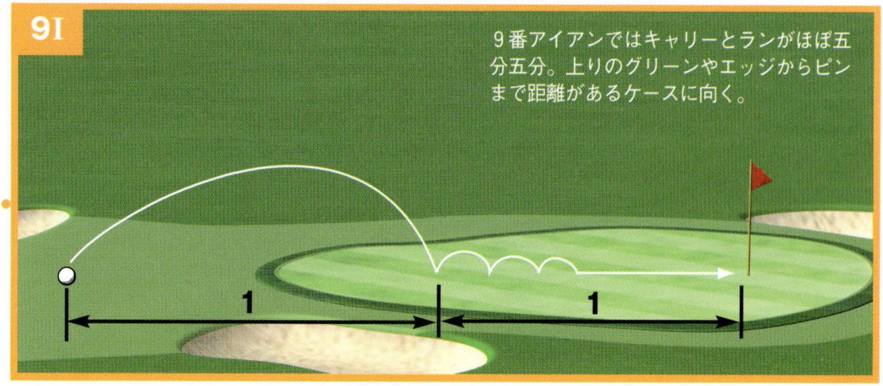

9番アイアンではキャリーとランがほぼ五分五分。上りのグリーンやエッジからピンまで距離があるケースに向く。

落下地点は グリーン上が基本だ

ピッチエンドランではキャリーを必ずグリーン上に落とすのが基本。グリーンはほぼ平らなので、方向さえ合っていれば落下したボールはランでピンの方向に転がっていく。かりにピンが手前でオーバーしたとしても、グリーンに乗りさえすれば大たたきは防げる。

一般的にグリーン手前は上り傾斜になっている場合が多く、ラフやカラーにボールを落とすとショートしたりあらぬ方向にバウンドして大きなトラブルを招きやすいので注意が必要だ。

POINT
グリーン上のできるだけ
広いエリアに
第一バウンドを落とす
×
手前に落とすと
距離も方向も
合いにくくなる

グリーンオンを最優先に考えよう

ピッチエンドランはピンをねらうショットではあるが、初心者の場合はピンにターゲットを絞るより、とりあえずグリーンオンを最優先すること。特にバンカー越えなど間に障害物がある状況では、ピンからやや遠くなっても安全に乗せられるエリアをねらってショットすることが大切だ。グリーンそばまで来るとどうしてもピンに近づけたいという欲が出るが、初心者の目標スコアはあくまでもボギーなので、まず安全確実にグリーンをねらえるルートを探すことが第一だ。

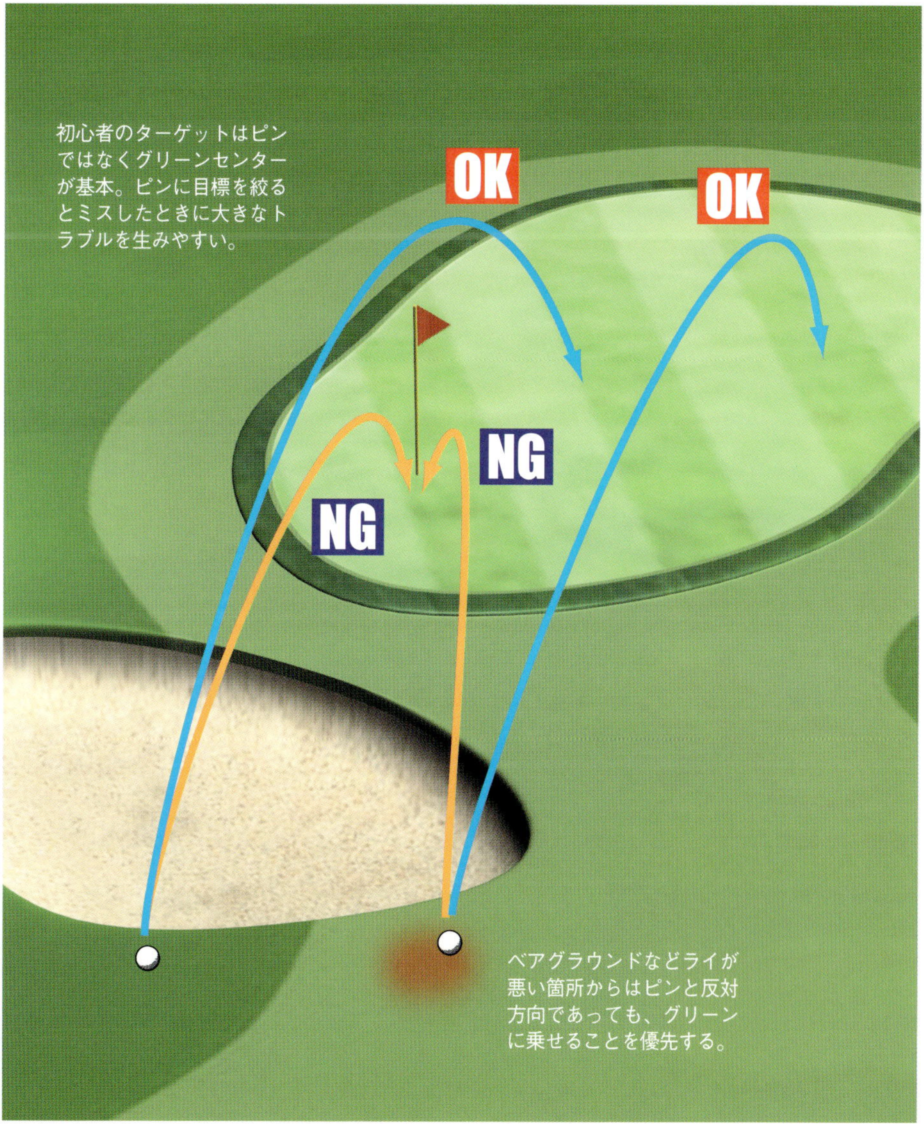

初心者のターゲットはピンではなくグリーンセンターが基本。ピンに目標を絞るとミスしたときに大きなトラブルを生みやすい。
OK
OK
NG
NG
ベアグラウンドなどライが悪い箇所からはピンと反対方向であっても、グリーンに乗せることを優先する。

ダフリにくいアドレスをとろう

ピッチエンドランは距離をコントロールして打つショットだけに、ちょっとしたスイングのブレが結果を大きく左右する。

ポイントはやはりアドレス。アプローチで最も注意しなければならないのは、ダフリ、トップといった初歩的なミス。体を大きく使って打つショットではないので、ダフリにくい構えさえとれれば大きなミスは防げる。以下のポイントに注意してセットアップをとることを心がけよう。

POINT 1
ボールを上から見る
POINT 2
グリップは1〜2インチ短く握る
POINT 3
ハンドファーストで構える
POINT 4
スタンスは狭くオープンに
POINT 5
7対3で左ウエートで立つ
3
7
POINT 6
ボールポジションはスタンスのセンター
スタンスの向き
飛球線

NG 右ウエートのアドレス

ボールを上げようとする意識が強いと右ウエートのアドレスになりがち。目線も斜めになるために軸が傾き、グリップも内側に入るのでダフリが出やすくなる。

NG
右斜めから
ボールを見る
NG
グリップが
内側にある
7
3
NG
右足にウエートが
多くかかる

NG 極端なハンドファースト

NG
軌道が
鋭角になる
NG
グリップが
左太ももより
前に出る
NG
ロフトが立って
しまう

ボールを上から打とうと意識しすぎると極端なハンドファーストのアドレスになりがち。これではロフトが殺されてボールが上がりにくくなるばかりか、ダフリの原因にもなる。

キャリーの目安を把握しよう

アプローチの距離の打ち分けは、バックスイングの大きさで調節するのが基本。インパクトの強弱やスイングスピードの変化で距離を打ち分けようとするとスイングのリズムが崩れ、距離感がつかみにくくなるばかりかダフリ、トップといったミスショットの要因ともなる。

そこで、バックスイングのグリップポジションを右ヒザ、右腰、右肩まで上がったときの3段階に分け、それぞれの位置までバックスイングしたときボールが何ヤード飛ぶかを練習によってつかんでおく。そして自分なりのキャリーの目安を把握しておくことが大切だ。

バックスイングのトップを①右ヒザ　②右腰　③右肩の3段階に分け、それぞれの位置でキャリーの違いを頭に入れておく。ピッチエンドランではグリップが右肩のあたりに上がった位置がフルショットのポジション。これ以上大きく振るとミスショットの原因となりやすいので注意が必要。

ボールを「打つ」のではなく「運ぶ」イメージを持とう

ピッチエンドランに限らずアプローチショットで最も重要なポイントは、スイングのスピードを一定に保つということ。時計の振り子のようにバックスイングとダウンスイングのリズムを合わせ、アンダースローでボールをトスするイメージでスイングするといい。

「打つ」のではなくフェースにボールを乗せて「運ぶ」感覚でショットすれば、距離感は自然に合ってくるはずだ。

POINT 1
肩の回転でスイングする
POINT 2
手首を折らずにハンドファーストのままインパクトする
POINT 3
フォローでフェースを返さない
POINT 4
スイングスピードは常に一定
POINT 5
アドレスのウエート配分を変えない
3
7
NG

ボールをすくおうとするとインパクトで手首が折れやすく、方向性が悪くなるばかりかダフリ、トップの原因になる。

DVD 6

ピッチエンドランはこう打とう

PITCH&RUN

1
狭いオープンスタンスでボールはスタンスのセンター。
7対3で左足ウエートで構える。
3
7

2
左ウエートのまま肩の回転でテークバックする。

5
バックスイングと同じリズムで振り下ろす。

6
ハンドファーストのままインパクト。

なかなかパーオンが難しい初心者にとって、ピッチエンドランは最も使用頻度が高いショットの1つだ。これがマスターできるか否かによって、スコアは大きく違ってくる。成否のカギはスイングのリズム。以下のポイントをチェックし、ボールを運ぶイメージを持って常に一定のリズム、テンポでスイングしよう。

3
コックを使って
ヘッドを上げる。

4
ピンまでの距離
に合わせてトッ
プの位置を決め
る。

7
インパクト後も
左手首を折らな
い。

8
トップと対称の
位置にフィニッ
シュを納める。

GOLF COLUMN 6

初心者にはグースネックが有利

現在ウェッジには、一般的なピッチングウェッジとサンドウェッジのほかに、アプローチウェッジやピッチングサンド、ロブウェッジといったさまざまなタイプが市販されている。これらは主に40～50ヤード以内からボールを上げてピンをねらうアプローチ用として開発されたものであり、皆一様にロフト角が大きく（52°～60°）作られている。初心者にはボールを上げて止めるアプローチは難しいが、このようなアプローチ用のウェッジを購入する場合は、ロフト角以上に注意すべき点がある。それはネックの形だ。

ウェッジにはほかのアイアンと同じようにネックがほぼ真っすぐな「ストレートネック」と、ネックがガチョウの首のように曲がった「グースネック」の2つのタイプがある。ストレートネックはフェースを開いて距離を調節したり、ボールの下にきっちりとヘッドを打ち込めるような上級者には向くが、ダフリ、トップが出やすい初心者には、グースネックのほうがミスは出にくくなる。グースネックはシャフトの延長線上よりヘッドがやや後方に付いているため、自然にダウンブローの軌道でボールをとらえやすくなるからだ。パーオンが難しい初心者にとって、アプローチのよしあしがスコアメイクのポイントとなるだけに、できる限りやさしいタイプのウェッジを選ぶことが大切だ。

グースネックのウェッジ

ストレートネックのウェッジ

7

CHAPTER

バンカーショットの打ち方

LESSON 1

DVD 7

バンカーショットとは

ボールではなく砂を打つショットだ

通常のショットと異なり、ボールを打たずに砂を打つのがバンカーショットの基本。ボールの手前3〜4cmの砂面にヘッドを入れ、クラブフェースで直接ボールをヒットせずに、砂の爆発力によってボールを飛ばしていくのがバンカーショットだ。このエクスプロージョン（爆発）ショットは一見難しそうに思えるが、ダフリが基本とも言えるため、セットアップさえマスターできれば初心者にも比較的簡単に打てるショットだ。

サンドウェッジはこう使おう

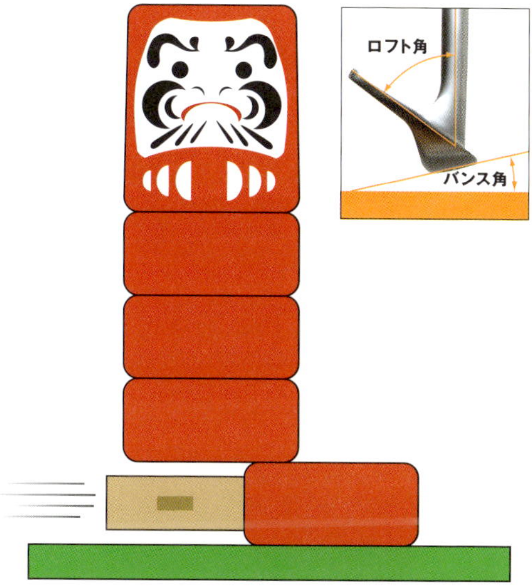

バンカーショット用のサンドウェッジはヘッドが大きく、「バンス」と呼ばれるエッジの後方部分が厚い構造になっている。これはバンカーショットのカギとなるエクスプロージョンショットをしやすくするための工夫だ。

バンカーショットのイメージをひと言でいえば「ダルマ落とし」。ボールの下にヘッドをくぐらせ、ボールの下の砂をはじき飛ばすことによって、同時にボールをフワッと上げて行く。このヘッドの使い方が成功のカギを握っている。

OK バンスから砂に入れる

ボールの手前2〜3cmの砂面にバンスの部分からヘッドを入れ、フェースの向きを変えずにスイングする。こうすることによってヘッドがボールの下をくぐり抜けやすくなると同時に、砂の爆発力を最大限に引き出すことが可能になる。

NG リーディングエッジから入れる

通常のショットのようにリーディングエッジから入れてしまうとヘッドが砂に深く入りすぎ、砂の抵抗でヘッドスピードが落ちて砂の爆発力が生かせない。

LESSON 2

DVD 7

バンカーショットの基本

オープンスタンスで上から打ち込む体勢を作ろう

バンカーショットのアドレスは、一般的なアイアンショットとは大きく異なる。まずスタンスだが、ボールの下にヘッドを潜り込ませるには、鋭角的な軌道で上からヘッドを落としてやる必要があるため、スタンスをオープンにして左足に体重を多くかけて立つのが基本となる（バンカー内は足場が不安定なので、スタンス幅も広くする）。また、ルール上、バンカーではショットの前にクラブを砂に着けてはいけないことになっているため、クラブを短く持って（砂の抵抗に負けないように、左手の小指と薬指、中指の3本を通常よりしっかりと握っておく）、ヘッドを浮かせて構える必要がある。

リーディングエッジを目標に向けてフェースを開こう

バンカーショットのアドレスでもう1つ忘れてはならないのは、クラブのリーディングエッジを目標（ピン）に向けるような形で、フェースを開いて構えるということだ。フェースを開く意味は、サンドウェッジの特徴である大きなバンスを最大限に生かすため。フェースを開くことでバンスからヘッドを砂に入れやすくするとともに、ロフトを大きくすることでヘッドの抜けをよくしてやるのだ。

バンカーショットのアドレスは目標に対してかなり左を向いた構えになるが、このままスタンスに沿ってアウトサイド・インに振り抜いてもボールは左には飛び出さず、フェースの向いた方向へ転がって行く（最初はやや左に出るが、右回りのスピンがかかって落下したボールはピンのほうに転がる）。

POINT 5
スタンスのラインに沿った軌道をイメージする
POINT 6
リーディングエッジを目標に向けるようにしてフェースを開く
スタンスの向き
スイングの方向
ピンの方向
POINT 7
足を砂にしっかり潜らせる

コックを使って ヘッドを高く上げよう

上から鋭角的にヘッドを落とすためには、通常より早めにコック（手首を折る動作）を使ってヘッドを高く上げ、コンパクトながらも高いトップを作る必要がある。足場が不安定なのでトップスイングは自体は小さく納めるが、ヘッドスピードを落とさないためにもコックによってヘッドを高く上げ、上から打ち込む体勢を早めに作るのだ。

POINT 5
トップは
スリークォーター
POINT 6
アップライトな
トップを作る
POINT 4
クラブを立てる
POINT 3
通常のショットより
早めにコックを開始する
POINT 1
ウエート配分は
アドレスのまま
3
7
目標方向
POINT 2
スタンスに沿って
アウトサイドに
テークバックする

スタンスのラインに沿って振り抜こう

ダウンスイングからは、トップスイングのコックを保ったまま(手首の角度を変えずに)、スタンスのラインに沿ってアウトサイド・インに振り抜いて行く。バンカーショットは大きく振ってもボールはそう飛ばない。ボールの手前2～3cmにヘッドを落とし、ボールの下をくぐらせるイメージで、思い切りよくスイングするのが成功の秘訣だ。

POINT 1
コックを保ったまま
ヘッドを鋭角的に
振り下ろす
ボールの軌道
スタンスに沿って左
に振り抜いても、ボ
ールはフェースの向
いた方向へ出ていく。
POINT 3
下半身は
動かさない
スイング
軌道
POINT 2
スタンスに沿って
アウトサイド・インに
振り抜く
スタンスの向き

DVD 7

バンカーショットはこう打とう

BUNKER SHOT

1

スタンス、フェースともオープンに構える。

ボールはスタンスのセンターにセットする。

2

5

コックを保ったまま振り下ろす。

6

バンスの部分からヘッドを砂に入れる。

バンカーショットはヘッドを砂に打ち込むという意識より、ボールの下の砂を弾き飛ばすイメージを持ったほうが成功の確率は高い。ボールを直接打たないので、通常のショットの3倍の距離を打つつもりでショットしても、ホームランになることはまずない。インパクトで力を弱めず、思い切りよく振り抜くのがコツだ。

3
クラブを
立てる。
早めにコックを
開始する。

4
トップはスリー
クォーター。

7
ボールの下をく
ぐらせるように
スタンスに沿っ
て振り抜く。

8
大振りせず、
フィニッシュ
はコンパクト
に納める。

GOLF COLUMN 7

バンカーのいろいろ

初心者にとってバンカーは実に厄介な存在だ。「ナイスショット！」と思ったボールが、数十センチの違いでバンカーに転がり込む。「何であんなところにバンカーがあるんだよ……」と思わず天を仰ぐゴルファーは多いはずだ。だが、このバンカーも単にプレーを難しくするだけのものとは限らない。ホールの設計において、バンカーには大きく分けて3種類の役割がある。1つは「戦略用」、2つめは「救済用」そしてもう1つが「観賞用」である。

グリーン周りをガッチリと固めるガードバンカーや、ティショットの落下地点に配されるフェアウエーバンカーなどは、戦略性を高めるために造られた戦略用のバンカーだが、ホールと平行にフェアウエーの外側に配されるサイドバンカーなどは、OBゾーンに転がり込むボールを止めるといった救済用のバンカーである場合が多い。また、ティグラウンド近くにあるものや、池の周りにあるバンカーなどは、もっぱらホールの景観をよくする目的で造られた観賞用のバンカーである。

一般的に、距離があるホールにはバンカーなどのハザードは少なく、短いホールにはハザードが多いもの。短いからといって強引な攻め方をすると、ハザードの餌食になりやすいので注意が必要。なお、バンカーはある意味攻略ルートを示す表示板的な役割もあるので、ショットの前には必ずその位置をチェックしてからアドレスをとるように心がけよう。

8 CHAPTER

パットの打ち方

LESSON 1 パットの基本

DVD 8

パターはこう握ろう

パットの基本はパッティングライン（ボールを転がそうとする線）に対して、パターフェースを直角に動かすこと。その意味でパターのグリップは、ショット以上に重要なポイントになる。初心者の場合、パターのグリップは手首の余分な動きを抑え、フェースをスクエアに保ちやすい「逆オーバーラッピング」がベストだ。

逆オーバーラッピング

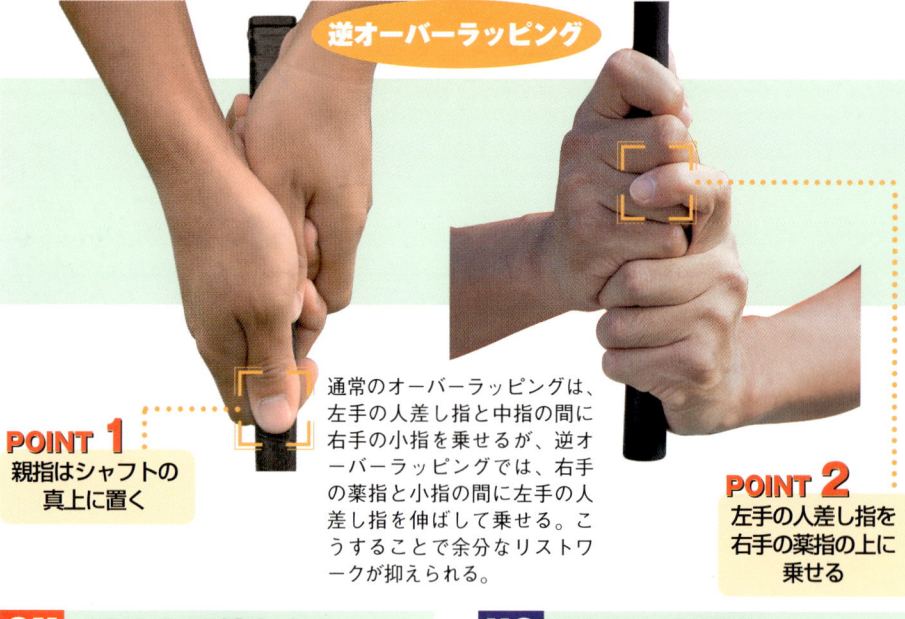

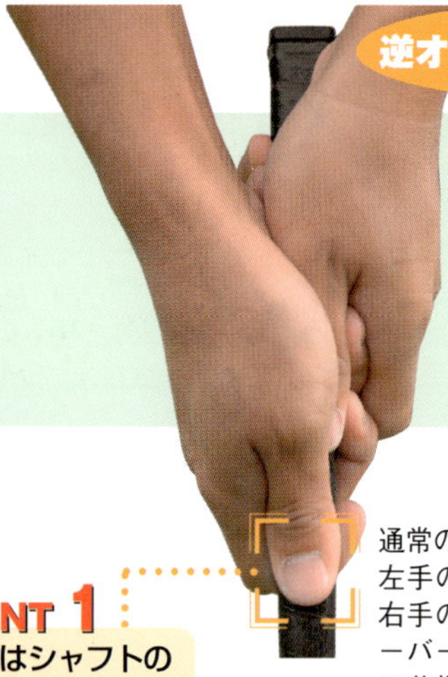

POINT 1
親指はシャフトの真上に置く

通常のオーバーラッピングは、左手の人差し指と中指の間に右手の小指を乗せるが、逆オーバーラッピングでは、右手の薬指と小指の間に左手の人差し指を伸ばして乗せる。こうすることで余分なリストワークが抑えられる。

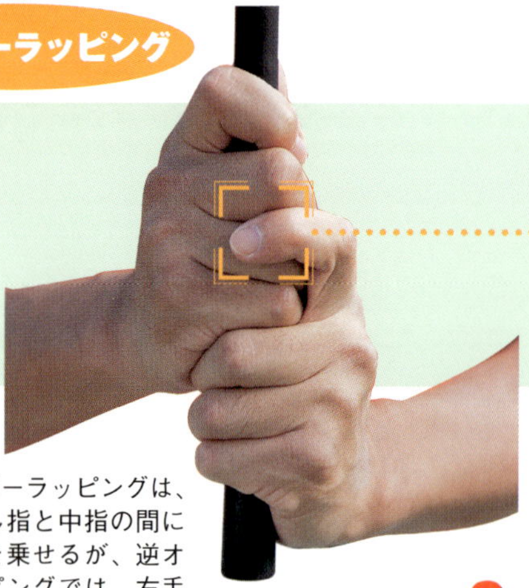

POINT 2
左手の人差し指を右手の薬指の上に乗せる

OK リストは使わない

POINT
アドレスの状態をキープ

手首を真っすぐに保っておけば、パッティングラインに対してパターヘッドが直角に動きやすくなる。

NG リストを使う

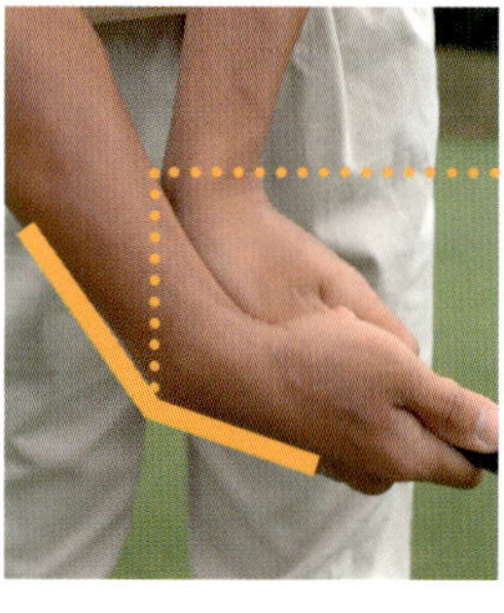

NG
手首が折れる

手首を使って打つとヘッドの向きが変わりやすく、ボールを引っかけたり、押し出したりしやすくなる。

肩、ひじ、腕の五角形を崩さずに振ろう

ショットと区別する意味でパターでボールを転がすことをストロークと呼ぶが、初心者の場合、手首を固定して肩の回転で打つ、振り子式のストロークがベストだ。ややひじを曲げてパターを吊り気味に構え、グリップとひじ、肩で作る五角形を崩さないようにストロークするのがポイント。余分な動きを入れないぶん、距離、方向ともにブレが少ないのが利点だ。

POINT 1
体全体をパッティングラインにスクエアに
POINT 2
ひじをやや曲げパターを吊るように構える
POINT 3
この五角形を崩さない
POINT 4
ウエートは左右均等に
POINT 5
ボールはスタンスのセンター
5
5
パッティングライン
POINT 6
ボールは目の真下にセット

距離感はストロークの大小で調節しよう

パッティングの距離感は打ち方の強弱ではなく、バックスイングの大きさでコントロールする。また、ストロークのスピードを一定に保つ意味で、バックスイングとフォロースルーの振り幅を同じにすることも大切なポイントだ。

SRIXON
POINT 1
頭は動かさない
POINT 2
五角形を崩さないようにテークバック
SRIXON
POINT 3
バックスイングの大きさで距離を調節する
POINT 4
下半身は不動
大
小
POINT 5
ストローク中ウエート配分を変えない
5
5

傾斜と芝目の見方を知っておこう

グリーンにはさまざまな傾斜がつけられており、その日のホールの位置とボールが止まった地点によって、パッティングラインは大きく変化する。パッティングラインは大別すると、上りラインと下りライン、スライスライン、フックラインの4つ。もちろん「下りでスライス」または「最初がフックで先がスライス」といったように、これらが複合するケースもよくある。

また、この傾斜に加えて芝目もパッティングラインに影響を与える。たとえば、傾斜自体はスライスであったとしても、芝目が右から左への横目なら傾斜と芝目が相殺されて、ラインはストレートに近くなる。特に高麗芝のグリーンは芝目がきついので、ベント芝のグリーン以上にラインの読みが複雑になる。

ともあれ、初心者には微妙な傾斜や芝目などを判断するのは難しいので、イラストにある基本を頭に入れたうえで、キャディにラインを確認してからパットするように心がけよう。

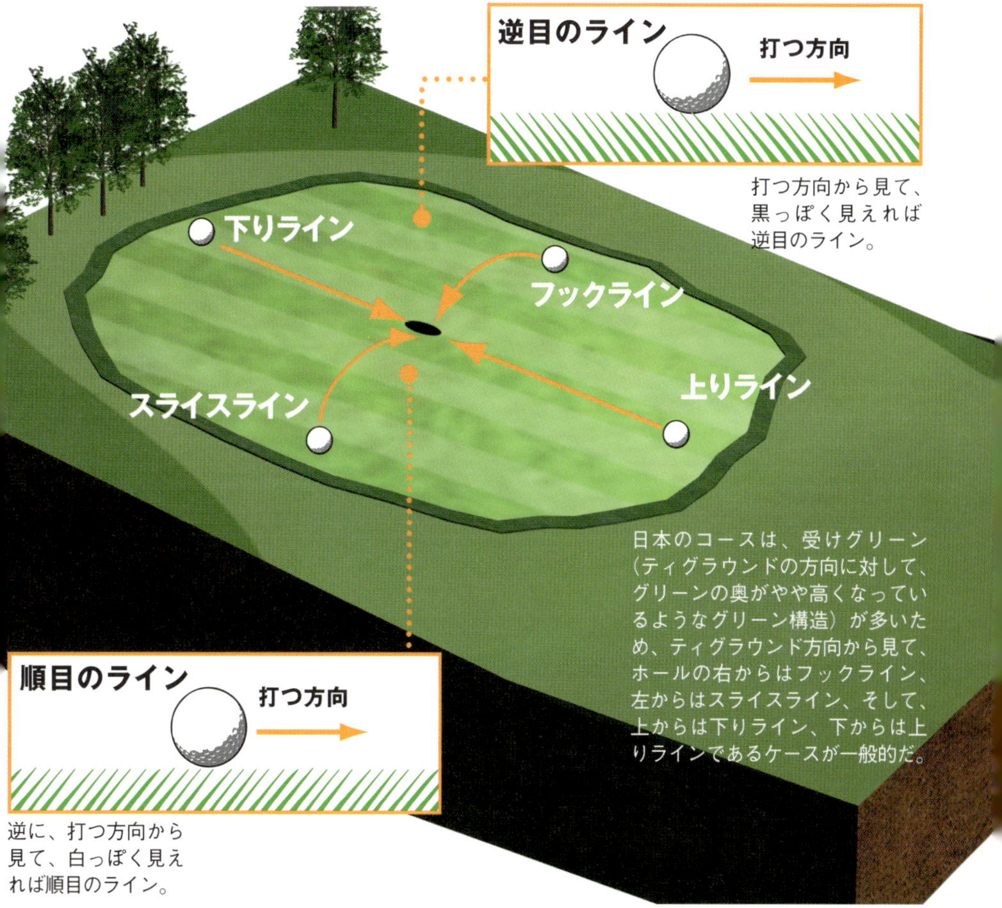

打つ方向から見て、黒っぽく見えれば逆目のライン。

日本のコースは、受けグリーン（ティグラウンドの方向に対して、グリーンの奥がやや高くなっているようなグリーン構造）が多いため、ティグラウンド方向から見て、ホールの右からはフックライン、左からはスライスライン、そして、上からは下りライン、下からは上りラインであるケースが一般的だ。

逆に、打つ方向から見て、白っぽく見えれば順目のライン。

LESSON 2 DVD 8

ライン別のねらい方

上りは長めに下りは短めにストロークする

上りのパットは強め、下りは弱めというのは当然のように思えるが、距離はストロークの大きさでコントロールするのが基本であり、打ち方の強弱で調節してしまうと距離感が合いにくくなる。2mの上りラインであれば2mを強く打つのではなく、フラットな3mのラインを想定してストロークし、下りラインはやや短めにストロークするのが基本となる。

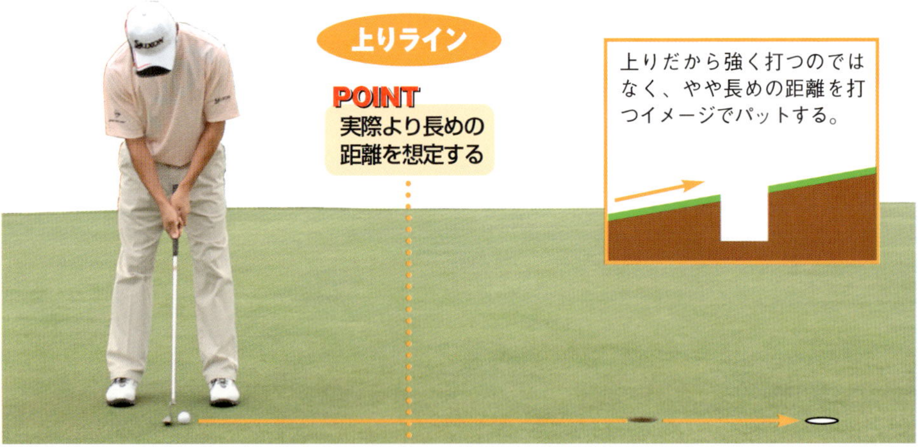
上りライン
POINT
実際より長めの距離を想定する
上りだから強く打つのではなく、やや長めの距離を打つイメージでパットする。

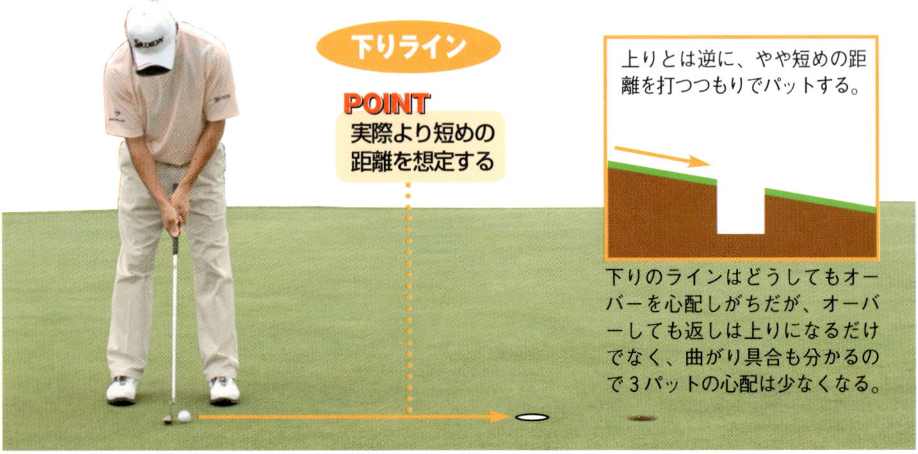
下りライン
POINT
実際より短めの距離を想定する
上りとは逆に、やや短めの距離を打つつもりでパットする。

下りのラインはどうしてもオーバーを心配しがちだが、オーバーしても返しは上りになるだけでなく、曲がり具合も分かるので3パットの心配は少なくなる。

曲がるラインは頂点を見極めよう

カップに対してボールが右に曲がるラインをスライスライン、逆に左に曲がるラインをフックラインと呼ぶ。このように左右に曲がるラインでは、カップに対して構えるのではなく、あらかじめボールがどれぐらい曲がるかを想定し、曲がりの頂点に対してスクエアにアドレスをとることが基本となる。

スライスライン

ホールに対して右に曲がるのがスライスライン。

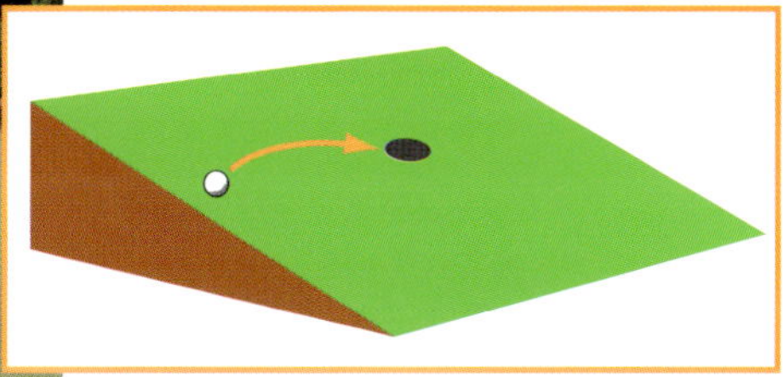

POINT

曲がりの頂点に対してスクエアにアドレスしてストロークする

フックライン

ホールに対して左に曲がるのがフックライン。

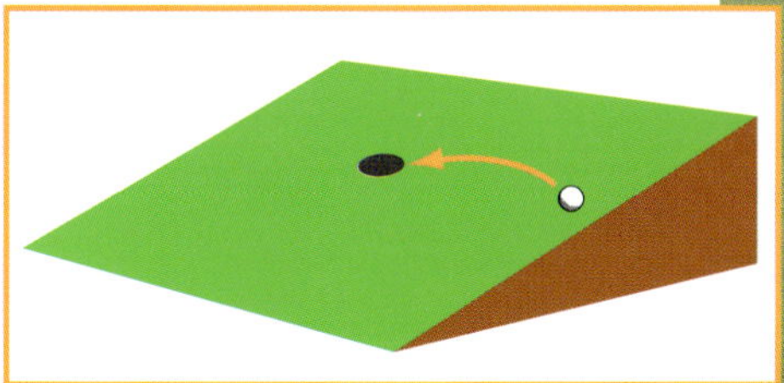

●著者紹介

水谷　翔

（みずたに　しょう）

ゴルフライター。雑誌編集、ゴルフ誌記者を経てフリーランスに。現在、ゴルフを中心に劇画原作やスポーツ関連の書籍の執筆や編集に従事する。主な著書に「これから始める人のゴルフ入門」、「これから始める人のゴルフレッスン」、「写真でわかるゴルフルール」（以上西東社刊）、「GOLF困ったときのカンニングBOOK」（トランスワールドジャパン社刊）、「プロゴルファー伊沢利光物語」（劇画原作・双葉社アクションコミックス刊）などがある。

●モデル ―― 金森史浩プロ
●撮影協力 ―― 十里木カントリークラブ、ダンロップスポーツ
●スチール撮影 ―― 高木昭彦
●イラスト ―― 木島　清、金子鎌士
●本文デザイン ―― (有)ナロウ・ポイント
●DTP制作 ―― (有)カネコデザイン
●DVD撮影・編集 ―― (有)シェイク
●本文編集制作 ―― (有)office棟

ゼロからわかる！ DVDゴルフ基本《きほん》レッスン

●著　者 ―― 水谷 翔
●発行者 ―― 若松 範彦
●発行所 ―― 株式会社西東社《せいとうしゃ》
〒113-0034 東京都文京区湯島2-3-13
営業部：TEL（03）5800-3120　FAX（03）5800-3128
編集部：TEL（03）5800-3126　FAX（03）5800-3127
URL：http://www.seitosha.co.jp/

ISBN978-4-7916-1425-7